AF522703

In diesem Buch enthaltene Informationen, Anregungen und Ansätze stellen kein Heilversprechen dar. Die Inhalte sind nach bestem Wissen und Gewissen erstellt worden und basieren auf eigenen Erfahrungen. Sie ersetzen keinen Besuch beim Arzt oder Fachtherapeuten.

Da inhaltliche Fehler trotz sorgfältiger Prüfung nicht auszuschließen sind, erfolgen alle Angaben ohne jegliche Haftung des Autors oder des Verlages.

2. Auflage 2026

Herausgeber: Lichtbewusstsein Verlag GmbH, Düsseldorf
Printed in Germany
ISBN 978-3-945528-42-6
Gedruckt auf Recyclingpapier – der Umwelt zuliebe.

Leonie Horst

Elayna

Einmal Erde & zurück

„Wir kommen wieder auf die Erde,
um das Leben zu vollbringen.

Wir inkarnieren wieder auf die Erde,
um die Liebe zu vollenden.

Wir steigen nieder auf die Erde,
um das Licht zu vollzünden."

David Wared

Inhaltsverzeichnis

Vorwort 9
Elayna 13
Der Ursprung 16
Über das Sein auf der Erde 22
Der Mensch 27
Körper, Seele & Geist 35
Verbunden mit Himmel & Erde 42
Inkarnationsauftrag & Existenzauftrag 45
Über die Berufung 55
Nutze deine Medialität 61
Die Aura 67
Karma 74
Über andere Menschen & Verletzungen 78
Vergebung 83
Wege zur Selbsterkenntnis 88
Über das Ego 93
Krankheiten & Symptome 97
Mangel & Leid 105
Angst 112
Die Liebe 118

Geistige Evolution 125
Kommunikation 129
Entwicklungschancen in Gemeinschaft 137
Verbundenheit mit Tieren 143
Glück & Glückseligkeit 148
Bereit 153
Nachwort 154
Danksagung 156
Über mich 157
Lexikon 158

Vorwort

Ist unser Leben auf der Erde alles? Oder ist es ein Ausschnitt von etwas viel Größerem? Was ist der Sinn unseres Daseins auf der Erde? Und wie geht es weiter, wenn die Menschen sich wieder an das erinnern, was sie wirklich sind?

Diese und viel mehr Fragen hat auch Elayna, eine Geist-Seele-Einheit, die entschieden hat, auf die Erde zu inkarnieren und dafür einen Körper anzunehmen. Oft war sie auf der Erde, um sich als Menschwesen zu erfahren. Doch dieses Mal trifft Elayna die Entscheidung, ihre Erfahrung als Mensch zu vollenden. Das bedeutet, dass sie als geistiges Wesen eine Körperform annimmt, um sich über ihr Erleben, Erfahren und Erkennen wieder vollständig darüber bewusst zu werden, dass sie nicht diese körperliche Form ist. Sie bestimmt vor ihrer Geburt als Mensch genau die Umstände und Begegnungen, die sie für diese Erkenntnis braucht und erschafft sie aus ihrer Schöpferkraft. Über ihr Erinnern und Erkennen bewirkt sie auch für andere Befreiung, Heilung und Erkenntnis.

Es ist Teil des menschlichen Erfahrungsweges, seinen wahren Ursprung und seine Schöpferkraft zu vergessen, um sich wirklich als Mensch in einer dualen Welt zu erfahren. Das ist Elayna bewusst, weshalb sie in Austausch geht mit einer weisen Geist-Seele-Einheit, die ihre Erfahrung als Mensch in einem Körper auf der Erde bereits vollendet hat. Durch diese Gespräche wird Elayna umfassend auf ihr Erdendasein vorbereitet und hat die Chance, angekommen auf der Erde, nach und nach auf dieses Wissen zurückzugreifen. Dafür ist das Lösen ihrer Themen wesentlich, da erst dies ihr ermöglicht, vollständig frei und offen alles wahrzunehmen.

Geist und Seele sind untrennbar miteinander verbunden und bilden eine Einheit. Wenn in dem Buch von Seelen die Rede ist, schließt das den Geist nicht aus, sondern beinhaltet ihn.

Der Name Elayna kommt aus dem Griechischen und bedeutet „die Leuchtende“, „die Strahlende“. An sich brauchen Seelen auf dieser Ebene, wo die beiden sich befinden, keinen Namen. „Elayna“ und die „weise Seele“ dient lediglich uns, um ihren Dialog, der ohne Worte stattfindet, wie wir sie kennen, verstehen zu können. Alle menschlichen Züge wie lächeln, schmunzeln oder zwinkern sind im übertragenen Sinne gemeint, damit wir ein Bild davon haben, welche Empfindung die Seele gerade ausdrückt. Auch die Bezeichnung „runter auf die Erde gehen“ ist dazu da, dass wir die Ebenen begrifflich unterscheiden können. Die Ebene, auf der die Kommunikation der beiden Seelen stattfindet, ist weder höher noch tiefer als der Planet Erde.

In Dialogform wird ein Thema nach dem anderen vertieft, welches für das Menschsein hilfreich sein wird. Durch Rückblicke auf Geschehnisse in vergangenen Inkarnationen geben die beiden Seelen dem Leser die Chance, das Gesagte nochmal in einem tieferen Zusammenhang zu verstehen. Dadurch wird Elayna nach und nach der Sinn ihrer Reise zur Erde immer mehr bewusst.

Obwohl Elayna auf den Ebenen, auf der die beiden Seelen sich gerade befinden, Zugang zu allen Antworten hat, stellt sie viele Fragen. So ermöglicht sie sich, die Antworten der weisen Seele in sich zu behalten, auch für die Dauer ihres Aufenthaltes auf der Erde. Im Laufe des Buches stellt sie sich immer mehr auf das Menschsein ein und begibt sich in den Prozess des Niederstieges. Auch ihre Fragen werden immer menschlicher, weil sie anfängt, sich mit dem menschlichen Bewusstsein zu verbinden.

Am Ende des Buches findest du ein Lexikon, wo Wörter aus der Lichtbewusstseinsphilosophie genauer erläutert werden.

Ich lade dich herzlich ein, dich auf einen Perspektivwechsel einzulassen und unser Leben mal von einer anderen Seite zu betrachten: Einmal zur Erde und wieder zurück.

Elayna

„Das ist eine mutige Entscheidung, Elayna“, sagte die weise Seele. „Irgendwann trifft jeder diese Entscheidung. Jeder genau dann, wann es für ihn dran ist.“

Elayna lächelte, denn sie wusste, bald würde wieder ihre Reise an einen Ort beginnen, an dem es Zeit und Raum gibt. Es gibt dort gestern und morgen, hell und dunkel, laut und leise, Tag und Nacht. An diesem Ort war sie schon oft gewesen, auf diesem Planeten namens Erde. Jedes Mal, wenn sie dort war und für die Dauer ihres Aufenthaltes eine körperliche Form angenommen hatte, hatte sie sich eine andere Aufgabe vorgenommen. Doch dieses Mal, so hatte sie entschieden, sollte es die letzte Reise sein, die sie für sich selbst machte. Sie wollte sich noch einmal in der Form als Mensch erleben, mit allem, was dazugehört, um dann diese Erfahrung endgültig zu vollenden. Einige Male, als sie diese Reise gemacht hatte, konnte sie nicht alles vollbringen, was sie sich vorgenommen hatte. Alle Themen, die sie nicht erkannt und vollbracht hatte, nahm sie mit in die nächste Inkarnation, um sie dort zu lösen. Jetzt war es nicht mehr viel und sie entschied, sich ihre Lebensaufgabe so zu bestimmen, dass sie diese letzten Themen vollenden konnte.

Während vor ihrem geistigen Auge noch einmal ein paar ihrer letzten Inkarnationen vorbeizogen, meldete sich die weise Seele zu Wort: „Du kommst zu einer besonderen Zeit zu unserem geliebten Planeten. Und du hast dir einen großen Auftrag vorgenommen. Damit du ihn vollenden kannst im ersten

Abschnitt deines Lebens, möchte ich dir gerne ein Geschenk machen."

Elayna freute sich, denn es war nun schon eine Weile her, dass sie das letzte Mal auf diesem einzigartigen Planeten war. Und schon bei ihrem letzten Besuch hatte sie bemerkt, dass es der Mutter Erde nicht so gut ging. Und sie bemerkte, dass die Wesen auf ihr sich immer mehr mit dem Menschsein identifizierten und scheinbar vergaßen, warum sie dort waren.

Darum traf sie aus ihrem Herzen heraus die Entscheidung, dieses Mal alles Individuelle zu vollenden, um dann dem großen Ganzen zu dienen. Sie wollte die anderen Menschen wieder erinnern an das Ursprüngliche, was sie sind. An all das, was sie vergessen, während sie heranwachsen und äußeren Dingen hinterherjagen, anstatt sich zu verwirklichen und in Glückseligkeit zu leben, wie das der Zustand ist auf der Ebene, auf der sie in diesem Moment verweilte.

„Du weißt ja, wenn du auf der Erde angekommen bist, wirst du schnell wieder alles vergessen, was hier für dich völlig selbstverständlich ist. Du wirst all das, was du ursprünglich bist, sehr reduzieren, um in eine menschliche Form zu passen. Dir wird nicht mehr bewusst sein, dass du der Schöpfer deines Lebens bist. Du wirst viele menschliche Dinge lernen und deine natürlichen, angeborenen Fähigkeiten mit den Jahren immer mehr vergessen. Darum möchte ich dir, bevor du dich auf deine Reise auf die Erde begibst, ein paar Dinge mitgeben. Wenn du dann auf der Erde angekommen bist, wirst du einen leichteren Zugang haben zu diesen Informationen, zu diesem Bewusstsein und dieser Energie. So kannst du sie zum höchsten Wohle aller einsetzen und über das Ausdrücken deiner Erinnerung auch anderen Menschen dazu verhelfen, sich zu erinnern."

Elayna war sehr berührt und bedankte sich. Doch dann fragte sie: „Warum muss ich überhaupt vergessen? Warum kann ich mir nicht alles merken, was mir hier so bewusst ist? Warum kann ich nicht die Verbindung halten zu all den Wesen, was doch der natürliche Zustand von uns allen ist?“

Die weise Seele schmunzelte. „Das ist eine kluge Frage. Aber weißt du, das ist alles Teil des Erfahrungsweges. Denn das Vergessen ist ein von Menschen erschaffener Teil der Trennung, die wieder aufgelöst werden darf. Es ist eine Erfindung der Sterblichen und Reduzierung der Erinnerung in der menschlichen Form. Aber weißt du, warum du nie verloren sein wirst in deiner Vergessenheit? Weil es die Freiheit gibt - einen der ewig gültigen Werte. Daraus ergibt sich das Prinzip der freien Wahl. Aus dieser freien Wahl heraus haben wir entschieden und tragen die Verantwortung, die Erfahrung in der Form zu machen. Wir wählen frei, ein menschliches Bewusstsein anzunehmen, um auf dem Planeten namens Erde als geistiges Wesen die Erfahrung in einem Körper zu machen. Das war ja nicht immer so, und das wird auch nicht immer so sein. Denn irgendwann wird auch diese Reise vollendet erkannt sein, und wir werden bereit sein für eine neue, feinstofflichere Dimension. Aber später mehr dazu, lass uns noch einmal ganz vorne anfangen.“

Der Ursprung

Die weise Seele begann mit ihren Erzählungen ganz am Anfang, denn darauf baute alles auf. Sie schaute zu Elayna, um zu fühlen, ob diese bereit war. Als sie die Offenheit in ihren Augen sah, begann sie zu erzählen. „Der erste Ursprung war ein gemeinsamer und alles einender Urzustand. Dieser Urzustand war die Einheit aller Existenz. Himmel und Erde waren eins. Alles Irdische war ein Abbild des himmlischen Einen. Über einen sehr langen Zeitraum besiedelte eine große Einheitsgemeinschaft die Erde, das Ursprung-Volk. Diese Wesen hatten die Entscheidung getroffen, gemeinsam eine Formerfahrung auf der Erde zu machen. Alle Wesen kannten sich, verstanden sich und liebten sich nonverbal aus den Schwingungen, die sie in die Mitwelt sendeten. Jeder war gleichwertig und gleichwürdig. Es gab keine Sprache in Form von Wörtern, sondern alle Wesen waren wie über ein großes Netz energetisch miteinander verbunden. Über dieses Netz kamen alle Informationen bei allen Wesen an, alles war vollkommen transparent und wahr. Jedes Wesen war sich über seine Schöpferkraft bewusst und drückte diese aus. Sie alle erfüllten in freudiger Hingabe ihre Lebensaufgabe auf Erden. Ihnen war bewusst, dass sie geistige Wesen sind, die vorübergehend eine Form angenommen haben, aber dennoch in Einheit mit allem sind. Sie lebten in völligem Einklang mit der Natur und unserer Mutter Erde. Alle geistigen Wesen waren direkt und unmittelbar verbunden mit der Quelle, dem Urgrund aller Schöpfung. Die Quelle war für jeden frei zugänglich, das heißt, jeder war allwissend und eingeweiht in das Schöpfungsgeschehen."

Elayna hakte ein: „Also brauchte es niemanden, der als Vermittler zwischen den Menschen und dem Höheren stand?“

„Nein, denn es gab keinen, der sich vom Ursprung getrennt hatte. Und auch zwischen allen geistigen Wesen gab es eine ursprüngliche Verbundenheit. Es brauchte keine gesprochenen Worte zur Kommunikation, da jedes Wesen direkt mit seiner essenziellen Quelle kommunizierte und sich im Sinne der höchsten Ordnung und Harmonie verhielt.“

„Das war so wundervoll damals“, erinnerte sich Elayna zurück. Sie erinnerte sich gerne an diese spannende Zeit, wo sie das erste Mal eine Form annahm, doch trotz der Form unbegrenzte Möglichkeiten und Zugang zu ihrem Potenzial hatte. „Erzähl unbedingt weiter, was dann geschah.“

Die weise Seele fuhr fort: „Dieses Zeitalter veränderte sich irgendwann, als einzelne geistige Wesen begannen, sich immer mehr mit dem Menschsein zu identifizieren und sich von anderen abzugrenzen. Sie nahmen individuelle Identitäten an und nahmen diese wichtiger als das Gemeinsame. Plötzlich traten die Unterschiedlichkeiten in den Vordergrund und waren Anlass, sich vom scheinbar Andersartigen abzugrenzen. In ihnen gab es eine Neugierde für das Stoffliche und Formhaftigkeit begann, interessant zu werden. Sie haben nach und nach ihr Fühlen abgegeben und ihre Schöpferkraft vergessen. Sie waren nicht mehr in absoluter Verbundenheit mit dem Geistigen, und die Idee von Trennung kam auf. Das Geistige nahmen vermeintlich Einzelne als Aufgabe an, und es entstanden Gebote und Verbote, Normen, Tabus, Kulte und Zwänge.“

„Was genau bedeutet Trennung?“, fragte Elayna nach.

„Die Verneinung der Einheit. Trennung ist ein künstliches Geschehen aus einem trennenden Geist. Es ist das Ergebnis einer Identifikation. Vorstellungen und Verlangen bestimmen das Handeln, und der Mensch beschränkt seine universellen Fähigkeiten. Trennung ist unwirklich, unheilvoll und wirkt sich auf alles aus. Der Mensch, der sich in Trennung befindet, ist nicht verbunden."

„Ist das der größte menschliche Irrtum?"

„Wenn du von Irrtum sprechen möchtest, ja. Es gab aber genau genommen drei: Erstens die Trennung vom Ursprung-Volk aus der Einheit. Diese Trennung ist auf der Erde vollzogen worden. Verstehst du, warum sich deine Inkarnationen zurzeit auf der Erde abspielen? Genau dort dürft ihr die Trennung wieder in euch erkennen und auflösen. Das Zweite ist, die Menschen haben ihre universelle Verantwortung abgegeben und Interessen angenommen. Damit haben sie große Verursachungen geschaffen und Ursachen gesetzt. Und das Dritte ist die Abgabe des Schöpferseins und der Schöpferkraft. Damit haben die Menschen ihre Essenz verschoben und sich reduziert.

Durch die erste Trennung ist eine Trennungsblockade entstanden, die bei den meisten Menschen bis heute nicht gelöst ist. Diese subjektive Trennung verhindert die Erkenntnis der Wahrheit. Durch die Auflösung der Trennungsblockade bewahrheitest du dich selbst und erkennst die höhere Wahrheit."

Die weise Seele machte eine Pause. „Seitdem vertieft die Trennung sich aber eher weiter", stellte Elayna fest. Sie blickte zurück zu den Momenten der Trennung und probierte, mehr und mehr zu verstehen, wie es damals weiterging. „Wurden dann künstliche Systeme und Kontrollen entwickelt, um ein notwendiges Maß an Ordnung zu halten? Oder es zumindest zu versuchen?"

„So fing es an. Das Handeln erfolgte nicht mehr nach dem Universalethos, sondern es kamen immer mehr Tugenden, erschaffen aus menschlichen Ideen, die ein geordnetes Zusammenleben garantieren sollten und notfalls gewaltsam durchgesetzt wurden. Das Materielle wurde mehr und mehr zu ihrer Orientierung. Dadurch ging ihnen vor allem das bedingungslose Urvertrauen verloren, was bis dahin jedem bewusst war.

Das alles ging, weil jedes Wesen in jedem Moment die freie Wahl hat und die Freiheit, sie zu gebrauchen."

Die weise Seele schaute Elayna an und wiederholte die letzten Worte, weil die freie Wahl ihr als Mensch in vielen Momenten nicht mehr vollständig bewusst sein würde. „Du entscheidest. Deine freie Wahl wird dir nie genommen. Du hast die vollständige Freiheitsverantwortung auf allen Ebenen. Und damit hast du auch die Verantwortung für jede Entscheidung, die du getroffen hast."

„Und wenn ich keine Entscheidung treffe? Wenn ich nicht wähle?", fragte Elayna nachdenklich.

„Dann hast du gewählt, nicht zu wählen. Also hast du gewählt", antwortete die weise Seele sehr klar. Als sie sah, dass der Punkt angekommen war, schaute sie Elayna liebevoll an und vollendete ihre Erzählung zum Ursprung:

„Heute haben fast alle auf der Erde lebenden Menschen diesen Zustand höchster Glückseligkeit vergessen. Sie haben keinen Zugang mehr zu der Erinnerung ihres geistigen Ursprungs. Anstatt reine, vollendete Ideen aus dem Ursprung zu verwirklichen, beschäftigen sie sich mit unvollendeten Ideen aus menschlicher Quelle.

Doch das Vertrauen und die Erinnerung daran, dass es diesen gemeinsamen Ursprung gibt und alle Wesen in Einheit dort miteinander gelebt haben, ist der Zugang, diesen Zustand auf Erden wieder zu verwirklichen."

Während sie der weisen Seele zuhörte, verband Elayna sich bewusst mit dem Ursprung. Sie liebte es, sich an diese besonderen Zeiten zu erinnern. Es war ihr tiefstes Sehnen, dass irgendwann wieder alle geistigen Wesen, die gerade auf der Erde lebten und sich mit dem Menschsein identifizierten, wieder zurückkehrten zu ihrem ursprünglichen Zustand.

„Warum gehen wir auf die Erde und in eine Form, um das wieder zu erkennen? Hier wissen wir das doch alles", fragte sie die weise Seele.

Diese erwiderte: „Weil die Trennung auf der Erde menschengemacht ist. Darum haben die Menschen auch die Aufgabe und die Verantwortung, in ihrer menschlichen Form diese Trennung zu erkennen und wieder aufzulösen."

„Ist darum die Erinnerung an den Ursprung so wichtig?"

„Alles Lebendige muss irgendwann wieder mit dem Ursprung verbunden sein. Wenn du dich erinnerst, wie wir einst auf Erd-Eden gelebt haben, dann hast du eine Ausrichtung, wie es wieder sein kann. Bevor du dich auf den Weg machst, ist es wesentlich, dass du weißt, wo es hingeht. Wo du langgehst und welche Wege du gehst, ist deine freie Wahl. Aber um auf deinem Weg zu bleiben, hilft es dir, eine Orientierung und Ausrichtung zu haben. Wo auch immer du bist, erinnere dich an deinen Ursprung und sei im Vertrauen, in Zuversicht und in Gewissheit, dass wir diesen paradiesischen Zustand bereits gelebt haben und ihn gemeinsam, vereint und dankbar wieder auf der Erde verwirklichen können."

„Aber wie schaffen wir es alle, uns genau an das zu erinnern, wenn wir auf der Erde doch immer wieder alles vergessen?" Elayna konnte diesen Punkt noch nicht ganz verstehen. Es könnte doch so viel einfacher sein. Die weise Seele blickte sie tief an und nahm wahr, was in ihr vorging. Es braucht viel Verständnis, um den Zustand auf der Erde anzunehmen und sich mit seiner Liebe immer wieder für eine Entwicklung zum höchsten Wohle aller einzubringen. Darum sprach sie behutsam weiter, um Elayna mit ihrer Aufgabe zu verbinden.

„Durch Seelen wie dich. Ihr übernehmt die Aufgabe, euch zu vollenden, um dann nicht mehr nur für euch da zu sein, sondern andere zu begleiten. Durch das Lösen seiner eigenen Themen hat der Mensch die Chance, das Wesentliche zu erkennen. Er ist dann nicht mehr an bestimmte Umstände gebunden, die er erfahren und auflösen muss, sondern kann sich ohne weitere Einschränkungen frei entfalten. Dann hat er wieder Zugang zur Ursprungsinformation, nimmt das Ursprungsbewusstsein an und wirkt in der Ursprungsenergie. In dem Augenblick ist der ursprüngliche Zustand wieder erreicht und der Mensch lebt aus seiner Essenz, in Übereinstimmung mit der höchsten geistigen Ordnung. Und er erkennt, warum er eigentlich auf der ‚Reise Erde' ist."

Neugierig fragte Elayna: „Und wenn wir das erkannt haben – wohin geht es dann?"

„Zurück in den Ursprung."

Über das Sein auf der Erde

„Warum und wo ist es überhaupt möglich, sich innerhalb einer Form zu erfahren?“, wollte Elayna wissen.

„Dafür braucht es einen Ort, wo Materie in Form gehen kann, also wo es grobstoffliche Dinge gibt. An diesem Ort haben viele Wesen die Chance, sich als verkörperte Form zu erleben und zu erfahren, weil sie diese Erfahrung ersehnen. Es gibt verschiedene Kreisläufe, die gleichwertig und gleichwürdig sind, um in Form zu gehen: Als Mensch zum Beispiel, als Tier oder als Pflanze. Damit das möglich ist, hat sich ein Wesen zur Verfügung gestellt und die Form der Erde angenommen, damit wir auf ihr die Formerfahrung machen dürfen. Sie ist voller Liebe für alle Wesen, die auf ihr existieren, obwohl die Menschen sie schon lange nicht mehr gut behandeln. Die Menschen vergessen manchmal, dass sie ohne Mutter Erde gar nicht in den Körpern leben könnten, wie sie es auf ihr tun. Sie nimmt bedingungslos jeden auf, der sich entschieden hat, eine Zeit lang in einem Körper zu leben. Darüber hinaus ermöglicht sie jedem Wesen, Freude und Fülle zu erfahren. All das zeugt von ihrem universellen Bewusstsein. Ein anderes Wesen hat die Form der Sonne angenommen, verwirklicht seitdem seinen Existenzauftrag und dient in großer Freude auf seine einzigartige Art.

Die Erde ist also ein Wesen und ein Planet, auf dem eine so schnelle Entwicklung möglich ist, wie sonst kaum irgendwo. Es ist auch der Planet, auf dem wir als Wesen überhaupt die Möglichkeit haben, uns getrennt von anderen zu erfahren. Denn in Wirklichkeit sind wir alle eins und untrennbar miteinander verbunden.“

Elayna wurde nachdenklich. Sie konnte zwar nachfühlen, warum die Menschen so handelten und diesen Weg wählten, doch sie wünschte sich, es wäre schon anders. Also fragte sie bei der weisen Seele nach: „Gibt es etwas, was du mir mitgeben kannst, womit ich der Erde etwas zurückgeben kann? Was genau kann ich als Mensch tun?“

„Natürlich: Das größte Geschenk machst du Mutter Erde mit deiner eigenen Bewusstwerdung. Denn das ist der Auftrag der menschlichen Wesen, dafür hat sie sich einst zur Verfügung gestellt. Indem du deine Schwingung anhebst, hebst du zugleich auch die Schwingung aller Lebewesen an. Du machst als Mensch deine Entwicklungsschritte, was dann auch Auswirkungen hat auf deine Kommunikation mit Mutter Erde. Darüber hinaus entwickelt ihr als Menschen immer neue Wege, wie ihr der Erde etwas zurückgeben könnt. Damit tragt ihr dazu bei, dass bei Mutter Erde wieder etwas heilen kann, was ihr als Menschen verursacht habt. Doch vorerst geschieht die Heilung in euch. Es geht also immer um Dankbarkeit, Bewusstheit und Heilung und um Würdigung und Wertschätzung für ihr Dienen. Aber auch um einen Ausgleich, um Schutz und das Bewahren der Mutter Erde.

„Wird die Erde sich ewig dafür zur Verfügung stellen?“, wollte Elayna nun wissen.

„Eines Tages, Elayna, wird die Jahrmilliarden andauernde Verkörperung der Erde beendet sein, und sie wird in andere Dimensionen übergehen. Wenn es universell so bestimmt ist, übernehmen andere Wesen ihre Aufgabe. Doch das wird nicht deine Aufgabe sein. Deine Aufgabe ist die Erinnerung an den Ursprung, die Erinnerung an das Wissen und die Weisheit, die tief in dir ist. Dafür ist deine Verbundenheit mit Mutter Erde wesentlich. Mutter Erde existiert, damit du deine Existenz vollenden kannst. Sie stellt dir alles zur Verfügung, damit du vollenden kannst. Es wird für dich, wenn du als Mensch auf der Erde lebst, nicht mehr vorstellbar sein, wie sehr die Mutter Erde dich liebt. Doch sobald du auf der Erde bist, wirst auch du erstmal vergessen, dass alles, was existiert, einen gemeinsamen Ursprung hat, der nicht materiell ist."

„Wie blöd von mir", fiel Elayna dazu nur ein.

„Naja", erwiderte die weise Seele, „du kannst dir das so vorstellen: vor deiner Inkarnation schreibst du als Regisseur das Stück deines Lebens. Du suchst dir eine Handlung aus, einen Ort, legst die wichtigsten Charaktere fest. Du setzt wichtige Ereignisse so, dass alles, was zusammengehört, genau zum richtigen Zeitpunkt auch zusammenfindet. Dann übernimmst du die Hauptrolle in dem Stück und nimmst, sobald du am Set angekommen bist, die Identität deiner Rolle an. Nach einer Weile bist du so in das Spiel vertieft, dass du vergisst, dass du das Stück selbst geschrieben hast. Du vergisst, dass du nicht nur der Schauspieler bist, sondern auch der Regisseur. Doch wenn du dich erinnerst, dann wird dir wieder bewusst, dass dieses eine Stück, diese eine Inkarnation, nur ein Ausschnitt ist von dem, was du als Regisseur, als Schöpfer, erschaffen kannst. Dieses Stück hat einen tieferen Sinn für dich. Dich in diesem Stück zu erleben, war dein Sehnen. Aber sei dir bewusst, du bist der Regisseur, der in jedem Moment das Stück neu schreiben kann. Das geschieht immer in Verbindung mit der höchsten Ordnung, da alle Stücke ein Anteil der Einheit sind."

Elayna staunte. Sie wollte am liebsten direkt los in das Abenteuer Erde.

Die weise Seele schaute Elayna liebevoll an. Sie war selbst viele Male auf der Erde gewesen und hatte sich so als Mensch erfahren. Nachdem sie alle Erfahrungen vollendete, die sie sich ersehnt hatte, traf auch sie die Entscheidung, ein letztes Mal niederzusteigen, um sich in der menschlichen Form zu vollenden. Auch sie wurde darauf allumfassend vorbereitet, trotzdem brauchte sie dann auf der Erde noch einige Zeit, bis sie wieder den vollen Zugang zu all ihrer Weisheit hatte.

Doch nachdem sie sich erinnerte und ihr wahres Wesen spürte, diente sie in Glückseligkeit den anderen und begleitete sie so auf ihrem persönlichen Bewusstseinsweg. Sie inkarnierte noch dreimal, jedes Mal mit einer anderen globalen Aufgabe, womit sie die Entwicklung auf der Erde voranbrachte.

Jetzt war sie mit all ihrer Liebe im Dienen für die Seelen, die, wie Elayna, die Entscheidung trafen, nicht länger in Unbewusstheit auf der Erde vor sich hinzuleben. Sie wusste, der Weg auf der Erde war nicht immer leicht und oft mit schmerzlichen Erfahrungen verbunden. Doch das war so, weil das der Weg war, den die Seelen wählten, um darüber zur Erkenntnis zu gelangen. Und dann gab es jedes Mal den Punkt, an dem es anfing, leichter zu werden. Dann, wenn die Wesen wieder die Verbindung aufnahmen zu Himmel und Erde und sich selbst erfuhren als ein wesentliches Puzzleteil des Ganzen.

Elayna nickte. Dann kam ihr eine Frage in den Sinn: „Wird es, wenn ich nach der Inkarnation wieder hier bin, eine Rückschau geben? Werde ich wieder die Chance haben, mir mein Leben von einer anderen Ebene aus anzugucken?“

„Immer. Nach jeder Inkarnation hast du Einschau in die besonderen Momente, aus denen du lernen konntest, wo du Dinge erkannt hast und auch, um dein Handeln aus Sicht eines anderen zu sehen und zu fühlen. Das alles geschieht ganz ohne Bewertung und Beurteilung, das kennst du ja. Aber da es auf der Erde immer um Entwicklung geht, hast du so die Chance, Erkenntnisse zu vervollständigen, um sie mitzunehmen in die Vorbereitung deiner nächsten Inkarnation. Auch kannst du dir die Begegnung mit anderen Seelen anschauen, damit ihr gemeinsam entscheidet, ob, wann und wo ihr euch auf der Erde wieder begegnen wollt."

Elayna dachte an ihren letzten Rückblick. Sie war erstaunt, wie viel ihrer wertvollen Lebenszeit sie damit verbracht hatte, sich um Dinge Gedanken zu machen und sich um etwas zu sorgen, was für die Inkarnation gar nicht bestimmt gewesen war. Also nahm sie daraus für ihre nächste Inkarnation mit, mehr im Vertrauen, in der Zuversicht und in Gewissheit zu leben.

„Bin ich jetzt bereit, wieder ein Mensch zu werden?", fragte Elayna.

Die weise Seele antwortete ihr: „Lass mich dir erst einmal noch ein bisschen über das Menschsein erzählen."

Der Mensch

„Stell dir vor, wie du einen wundervollen Körper kreierst. Du wählst, ihn für die Dauer deiner Inkarnation anzunehmen. Je nachdem, was du dir als Auftrag ausgesucht hast, wird dein Körper gestaltet sein. Wenn dann der Moment gekommen ist, in dem du dich auf den Weg in den Körper machst, reduzierst du deine wahre Größe aus deinem begrenzten Bewusstsein und bist nicht mehr in deiner vollen Ausdehnung. Es geht jedoch nichts verloren, deine wahre Größe ist dir lediglich nicht mehr vollständig bewusst. Du nimmst den Körper an und erschaffst dir selbst das Bild, dass du nur innerhalb dieses Körpers existierst. Oder, je nach Bewusstheit, denkst du auch, dass du der Körper bist. Und dann gehen viele Menschen noch weiter und gehen davon aus, dass sie nur innerhalb ihres Kopfes sind. Sie identifizieren sich mit ihrem menschlichen Verstand. Der Weg zurück, also der Weg, den auch du gehen wirst, geht also darüber, dich mit deinem Herzen zu verbinden und zu fühlen, dass dein wahres Wesen weit mehr und nicht auf die Form des Körpers beschränkt ist.

Lass mich dir aber noch ein bisschen genauer erklären, was ‚der Mensch' eigentlich ist:

Der Mensch zeichnet sich dadurch aus, dass er eine grobstoffliche Form hat, also eine Form, die du anfassen kannst. Diese Körperform nimmt die Geist-Seele-Einheit für die Dauer einer Inkarnation an. Wenn der Mensch sich mit dem Formhaften identifiziert, kann er sein Wesen – seine Geist-Seele-Einheit - nicht mehr klar und rein fühlen und beginnt zu vergessen."

Elayna fragte dazwischen: „Ist es dann nicht geschickter, keinen Körper anzunehmen? Braucht unser Wesen den Körper überhaupt für die Erde?“

„Dein Wesen braucht für seine Existenz keinen Körper, kann ihn aber annehmen, um auf der Erde leben zu können. Wenn du noch etwas zu erkennen hast, dann nimmst du einen menschlichen Körper an, also einen, der materiell beschaffen ist. Der Körper benötigt dann eine nicht materielle Kraft, die das Ganze strukturiert. Darum gibt es eine höhere Ordnung, eine höhere Harmonie und einen höheren Rhythmus. So weiß selbst die kleinste Zelle, was ihre Aufgabe ist und alle Abläufe innerhalb des Körpers verlaufen harmonisch.“

„Wow, dann ist der Körper ja ein ganz schönes Wunder!“, stellte Elayna fest. „Kann ich also sagen, die Verkörperung ist immer aus meinem Wesen verursacht?“, vergewisserte sie sich bei der weisen Seele.

„Genau, denn dein Wesen kann alle Möglichkeiten erschaffen. Doch Körperlichkeit ermöglicht auch, sich als einzige Existenzform in der gesamten Schöpfung zu begrenzen. Diejenigen, die sich danach sehnen, einen Teil ihres Entwicklungsweges in einer endlichen Form zu erfahren, erfüllen ihre essenzielle Bestimmung, indem sie eine Körperform annehmen und sich dann wieder auf die Geistigkeit besinnen. Einfacher ausgedrückt kann man sagen, der Mensch begibt sich auf einen Weg, sich selbst in der Dualität zu erfahren und sich dort zu entwickeln, bis er seine Endlichkeit durch Erkenntnis wieder aufhebt.“

Elayna wünschte sehr, sich das merken zu können, um damit auf der Erde erst sich selbst und dann auch anderen Seelen wieder auf ihren einzigartigen Weg zu verhelfen. Doch sie wusste, dass es aufgrund des aktuellen Bewusstseinsstandes noch nicht möglich war, jederzeit Zugang zu allen Informationen zu haben.

Die weise Seele nahm war, was in Elayna gerade vorging. Deswegen vertiefte sie das Thema: „Auf der Erde ist Dualität der Bewusstseinszustand, den wir selbst verursacht haben und bewusst annehmen. Dualität zu leben bedeutet, sich auf Licht- und Schattenwelten einzulassen, denn genau das hat der menschliche Geist mithilfe seiner Schöpferkraft verursacht. In der Dualität spiegelt sich die menschliche Eigenheit wider, mit dem Geistigen umzugehen. Entscheidungen werden nicht mehr zum höchsten Wohle aller getroffen, sondern dienen oft dem Vorteil eines Individuums. Denn die Geist-Seele kann sich als individueller Mensch materialisieren und so, neben der Einheit, auch die Trennung erfahren. Aus dem menschlichen Bewusstsein heraus kann jeder individuell entscheiden, alles getrennt wahrzunehmen. Die Trennung passiert in dem Moment, wenn der Geist die freie Entscheidung trifft, sich in einem endlichen Umfeld selbst zu erfahren und dort nach seinen Vorstellungen Dinge erschafft oder sie verändert, ohne die höhere Ordnung zu beachten. So bildet sich die Zweiheit, die sich als Gegensätzlichkeit zur Einheit auffasst und diese somit nicht mehr absolut gelten lässt. Anstatt Unterschiedlichkeiten als Vielheit in der Einheit aufzufassen, werden sie als getrennt wahrgenommen und es entsteht gut und schlecht oder wahr und falsch."

Elayna wurde einmal mehr bewusst, was auf der Erde alles erschaffen worden war. Viele vollendete Ideen, die die Evolution voranbrachten, aber auch vieles, was die Menschen von ihrer vollständigen Erkenntnis abhielt und sie in menschlichen Kreisläufen beschäftigte.

Die weise Seele nickte ihr zu, dann fuhr sie fort: „Der individuelle Entwicklungsweg eines jeden Menschen ist sehr unterschiedlich, endet aber stets in vollständiger Bewusstheit. Da es in der Wirklichkeit keine Zeit gibt, kann der Bewusstseinsweg auch viele Inkarnationen dauern. Zeit ist ein dual erschaffenes Phänomen, welches das Dasein auf der Erde erleichtert und im dualen Umfeld eine ordnende Aufgabe erfüllt. Durch die Zeit kann überhaupt erst das Ursache-Wirkungsprinzip angewandt werden. Um besser mit der Zeit umgehen zu können, hat der Mensch Vergangenheit, Gegenwart und Zukunft erschaffen."

Die weise Seele stoppte kurz, doch als sie sah, dass die Sätze bei Elayna ankamen, fuhr sie fort: „Während einer Inkarnation sammelt der Mensch Kenntnisse über sich selbst, seine Mitwelt und über das Dasein auf der Erde, um darüber zu Erkenntnissen über das Ganze zu kommen.

Auf seinem Entwicklungsweg geht der Mensch in Trennung, um so eine Phase Erlebnisse, Erfahrungen und Erkenntnisse zu durchschreiten, die er sich bereits vor seiner Geburt selbst ausgesucht hat. Bei jedem Erlebnis hat er die Chance, daraus etwas zu lernen und zu erkennen. Wenn er das nicht tut, wiederholt sich das Erlebte so lange in ähnlicher Form, bis der Mensch erkennt und seine Denk-, Fühl- und Handlungsweise verändert."

„Aber warum sehen unsere Entwicklungswege so unterschiedlich aus? Wir sind doch alle auf dem gleichen Weg", wunderte sich Elayna.

„Das sind wir, auch wenn viele der menschlichen Wesen, die sich auf der Erde befinden, das vergessen haben. Du entscheidest frei, auf welche Art und in welcher Zeit du deine Entwicklung machst. Denn in jeder Inkarnation besteht die Möglichkeit, wesentliche Erkenntnisse auf die nächste Inkarnation zu verschieben, wenn du nicht beginnst, deine Themen zu lösen.

Es gibt jedoch keine Stagnation oder Rückentwicklung des dualen Bewusstseins, da jede Erfahrung, selbst wenn sie im ersten Moment nicht förderlich erscheint, dich auf deinem Entwicklungsweg weiterbringt."

Die weise Seele hielt inne, um Elayna die Möglichkeit zu geben, die Informationen mit all ihren Sinnen aufzunehmen. Dann fuhr sie fort, ihr über das Menschsein zu erzählen:

„Wenn der Mensch seine geistige Entwicklung soweit vollbracht hat, dass er erkennt, dass er eine duale Sicht der Trennung angenommen hat, erfasst er, dass dies nicht wirklich ist. Dadurch wird er empfänglicher für die überduale Ebene.

Von dem Stadium als bloßer Teilnehmer in der Schöpfung erwacht der Mensch zum Mitschöpfer, der seine freie Wahl erkennt und Verantwortung übernimmt. So wird er immer mehr zum Schöpfer, der bewusst die Dinge um sich herum gestaltet.

Viele Menschen sind auf der Suche und vollenden die Suche erst, wenn sie wissen, wer sie sind und wie sie ihre Ewigkeit auch in der Endlichkeit der Körperexistenz erfahren können.

Aus einer höheren Sicht betrachtet, ist das menschliche Leben eine Phase der Bildung, die mit seiner Selbstmeisterschaft auf dem Gebiet der Dualität vollendet ist.

Sobald der Mensch innerhalb der Erde seine Entwicklung vollendet hat und damit das höchste Bewusstsein innerhalb der Dualität erreicht, hat er seine duale Phase vollendet und bedarf keiner weiteren Erfahrungen mehr als Körperwesen. Er hat aber die Wahl, als ein geistiges Wesen in einem Körper wiederzukommen, welches sich erkannt hat, um mit seinem Leben anderen Menschen zur Erkenntnis zu verhelfen."

Elayna lächelte, denn auch auf diese Aufgabe freute sie sich. Nach einer Weile fragte sie aber doch nochmal nach: „Wieso geht das Leben zu Ende? Warum kann nicht jeder so lange auf der Erde bleiben, wie er möchte?"

„Aber genauso ist es doch. Das Ende des Lebens auf der Erde - die Menschen nennen es Tod - bedeutet nicht das Ende deiner Existenz, sondern nur, dass du deine Form wieder ablegst, um in eine andere Ebene zu wechseln. Schau mal, Elayna, für die Menschen ist Zeit sehr wichtig. Sie sagen, dass ein Mensch so 80, vielleicht sogar 100 Jahre alt werden kann. Das dürfen auch mehr Jahre werden, dafür braucht es jedoch die geistige Evolution der Menschen. Du darfst aber im Vertrauen sein, dass jeder genau die Zeit auf der Erde ist, die er für seine Entwicklung braucht. Oder auch die Entscheidung treffen kann, aufgrund seiner freien Wahl, dass seine Entwicklung in dieser Inkarnation abgeschlossen ist und er in der nächsten Inkarnation an dem Punkt weitermachen wird. Also: Du entscheidest!"

Elayna wusste, dass die weise Seele später noch auf das Thema geistige Evolution eingehen würde. Darum fragte sie nur bei einem Punkt nach: „Der Tod ist ganz schön bedeutend für die Menschen, oder?"

„Nicht der Übergang in eine andere Ebene an sich, sondern das, was die Menschen aus dem Tod machen", erwiderte die weise Seele. „Da viele Menschen nicht mehr in Verbindung mit dem Wesen des anderen Menschen sind, löst ein Tod fast immer Schmerz und Trauer aus, gerade wenn jemand scheinbar unerwartet die Erde wieder verlässt. Was ich dir aber mitgeben möchte, Elayna, ist, wenn jemand aufsteigt, also seinen Körper verlässt, dann gib der Trauer in dir drei Tage Raum. Das ist die Zeit, die eine Geist-Seele-Einheit sich nehmen kann, bis sie den Körper verlässt. Ab dann kann sie sich entscheiden, wieder zu inkarnieren. Dann kann sie in neun Monaten wieder auf der Erde sein. Diesmal in einer anderen Form. Was nicht förderlich für die Entwicklung der aufsteigenden Seele ist, wenn du jahrzehntelang an dem Schmerz und der Trauer festhältst. Stell dir mal vor, dann inkarniert die Seele an einem anderen Ort als Kind wieder und du bist noch in Trauer, dass sie von dir gegangen ist. Da alle Energiefelder unabhängig von Raum und Zeit miteinander in Verbindung stehen, wird diese Energie im Feld des neugeborenen Kindes sein. Dieses Kind wird dann später vielleicht immer ein bisschen traurig sein und keiner weiß wirklich, warum. Sei also dankbar für jede Seele, die dich auf deinem Weg begleitet, aber lasse auch die Seelen in Frieden los, die ihren Weg an deiner Seite beendet haben."

„Mir war als Mensch nie wirklich bewusst, wie alles miteinander verbunden ist. Menschsein ist ganz schön spannend", stellte Elayna einmal mehr fest. Obwohl sie schon viele Mal auf der Erde gelebt und menschliche Erfahrungen gemacht hat, war es diesmal anders für sie. Sie wollte so viel wie möglich wissen, um in ihrer nächsten Inkarnation sowohl die körperliche Erfahrung als Mensch zu machen, dann aber auch den Zugang zu haben, sich wieder an ihren Ursprung zu erinnern. Für sie war alles spannend und neu, da sie jetzt schon anfing, sich auf ihr Erdendasein einzustellen und immer mehr die Erinnerung an ihr wahres Wesen abgab.

„Aber wie können wir alle verbunden sein, alle EINS sein, und trotzdem so unterschiedlich?", fragte Elayna, die aufmerksam zugehört hatte.

Die weise Seele erklärte ihr: „Wir alle gemeinsam sind wie ein großer Ozean. Jeder Einzelne ist wie ein Tropfen des Ozeans, der seine Form wandeln kann, grobstofflicher und feinstofflicher wird, durch Zeit und Raum fließt. Aber egal wo er ist und was er macht, er ist immer ein Anteil des großen Ganzen, da die Information in ihm niemals verloren geht. Der Tropfen ist im Vertrauen und in der Gewissheit, dass er sich wieder auflösen wird im großen Ozean. Eins hat der Tropfen nicht: Angst und Furcht. Denn jeder Tropfen ist in Einheit verbunden mit allen anderen Tropfen des Ozeans. Jeder Tropfen ist verbunden mit der Quelle, in der sie alle einen gemeinsamen Ursprung haben. Die Quelle geht nicht zum Fluss. Aber überall, wo es Flüsse gibt, fließt die Quelle. Und jeder ist einmalig, einzigartig und besonders genau so, wie er ist. Wesentlich ist die Erkenntnis des Tropfens, dass er eins ist mit der Quelle."

Körper, Seele & Geist

„Ich würde gerne mit dir noch die Ebenen von Körper, Seele und Geist vertiefen," setzte die weise Seele nach einigen Augenblicken an. „Denn all das, was dich als Mensch ausmachen wird, begründet sich auf dieser Trinität. Alle Menschen sind manifestiert als Körper, Seele und Geist mit dem Ziel, den Sinn der Existenz zu verstehen und zu erkennen, um so die Körperlichkeit wieder aufzuheben. Doch bevor die Transzendenz ins Körperlose erfolgen kann, lass uns etwas näher auf deinen Körper eingehen. Das ist die Form, die du annehmen wirst."

„Wird der Körper Teil meines Wesens sein?"

Die weise Seele schüttelte den Kopf. „Nein, er wird der Ausdruck deines Wesens im dualen Umfeld sein. Sonst würde das ja bedeuten, dass du den Körper mitnimmst, wenn du nach Beendigung deiner Inkarnation wieder aufsteigst. Der Körper ist eine Leihgabe an dich, du nimmst ihn an, um die Einheit in menschlicher Form zu vollbringen."

Verwundert fragte Elayna: „Ich nehme einen Körper an, um irgendwann wieder zu erkennen, dass ich nicht der Körper bin? Und dann verlasse ich den Körper wieder?"

„Die Körpererfahrung auf der Erde ist eine Möglichkeit der Existenz, um wieder alle Anteile deines Wesens vollständig in dir zu integrieren. Doch wenn ihr euch ganze Inkarnationen mit Unwesentlichem beschäftigt, kehrt ihr immer wieder dorthin zurück, bis ihr die Körpererfahrung vollendet habt. Das meint, in vollständiger Bewusstheit über den Ursprung und euer wahres Wesen auf der Erde zu leben. Um deine Essenz wirklich zu erfahren und Zugang zu deinem wahren Wesen zu haben, ist es essenziell, die körperliche Identifikation zu überwinden, also zu erkennen, dass du nicht der Körper bist."

Als die weise Seele wahrnehmen konnte, dass Elayna sie verstanden hatte, fuhr sie mit ihrer Erläuterung der drei Ebenen fort:

„Zu Beginn der Schöpfung verbinden sich UR-Geist und UR-Seele in vollständiger Verschmelzung zu einer Geist-Seele-Einheit, um in einem Körper eine individuell erfahrbare Existenz im Feld der Dualität eingehen zu können. Klarer ausgedrückt, jeder Geist entspringt aus dem einen UR-Geist, jede Seele aus der einen UR-Seele. Wir sind alle Anteile des einen großen Ganzen. Du hast denselben Ursprung wie der andere, ob es nun deine Eltern, deine Freunde oder Menschen auf der anderen Seite der Erde sind. Wir sind alle eins, und wenn wir das wieder erkennen, verändert sich etwas Grundlegendes.

Ein Schritt, um das zu erkennen, ist das tiefere Verständnis, dass wir alle aus Körper, Seele und Geist bestehen. Alle Vorgänge der Bewusstwerdung geschehen in allen Bereichen und bewirken die Weiterentwicklung. Die Aufteilung in die drei Ebenen dient dem Menschen zum einfacheren Begreifen auf dem Weg seiner Bewusstwerdung. Der Mensch darf lernen, wieder alle drei Aspekte zu betrachten, denn alle Betrachtungen, die nur einen Aspekt beinhalten, sind nicht vollständig. Der Sinn dieser Trinität von Körper, Seele und Geist ist die Einheitserfahrung. Über die Verbindung der drei Aspekte in dir kannst du auch die Verbindung mit allem, was existiert, erfahren."

Das leuchtete Elayna sofort ein und neugierig blickte sie die weise Seele an, gespannt, wie es weitergehen würde.

„Aus deinem ursprünglichen Geist und deiner ursprünglichen Seele bildet sich deine Essenz, dein Wesenskern. Deine Essenz besteht immer aus Information, Bewusstsein und Energie. Diese hat den Impuls in sich, sich auf allen Ebenen der Universen auszudrücken. So bildet sich eine individuelle Einheit, die eine Körperform annimmt, um sich in der Dualität selbst zu erfahren. Aber auch im Dualen bleibt deine Essenz immer der Kern aller Existenz und dessen Verbindung zu seinem Schöpfungsgrund.

Das Leben als Prinzip ist ewig, lediglich die Form wechselt. Die Geist-Seele-Einheit kann so oft körperlich manifestiert werden, wie sie es für die Entwicklung bedarf, um sich aus allen Begrenzungen zu befreien, zu heilen und sich zu erkennen."

Sie hielt inne, um Elayna den Raum zu geben, alles zu verinnerlichen. Nach einer Weile fuhr sie fort, auf die erste Ebene, den Körper, einzugehen:

„Das Wesen an sich ist vollkommen und manifestiert sich das Wunderwerk namens Körper.

Mit dem Einzug der Essenz in einen vergänglichen Körper ist auch die Einschränkung des Bewusstseins von Geist und Seele verbunden. Der Mensch nimmt dann eine endlich dimensionierte Seele und einen endlich dimensionierten Geist an. Sie sind Ausdrucksformen der Geist-Seele-Einheit. Die Transzendenz von allem, was den Zugang zu ihnen blockiert, ist die Lebensaufgabe im Dualen. Als Mensch lernst du, dich auf einer niederen Schwingungsebene auszudrücken, um dich in deinem

Ausdruck weiterzuentwickeln und zu veredeln. Du bringst das Geistige in die Ebene der Formhaftigkeit.

Achte und würdige deinen Körper, denn du hast ihn erschaffen. Er ermöglicht dir, Geistigkeit auf Erden zu leben.

Wenn du deinen Körper wieder verlässt, nimmst du nichts von dem Materiellen mit, was du im Laufe deines Lebens angesammelt hast. Kein Geld, keinen Reichtum, keinen Titel, keinen Status. Aber jeder Entwicklungsschritt, jede Erkenntnis und jede Reifung sind in deiner Essenz für die Ewigkeit gespeichert."

Elayna lachte. „Das wusste ich nicht, als ich die letzten Male Mensch war. Wenn ich meinen Fokus mehr auf meine Entwicklung gelegt hätte, dann ..." Die weise Seele stoppte sie. „Alles war genau richtig so, wie es war. Denn durch jede Erfahrung hast du dich entwickelt und stehst jetzt an dem Punkt, dass du dein individuelles Menschsein vollenden kannst. Und dein Leben wird spannend, wenn du mit deinem hohen Bewusstsein lebst. Wie anders wirst du zum Beispiel Menschen sehen, wenn du nicht auf ihr äußeres Erscheinungsbild achtest, sondern ihr Wesen wahrnimmst. Wenn du in der Begegnung spüren kannst, was ihre Aufgabe auf der Erde ist und welche Erkenntnisschritte sie noch zu gehen haben."

Elayna nickte berührt. Sie wusste, es gab auch für sie auf der Erde noch so viel zu entdecken. „Kannst du mir jetzt etwas über die Seele erzählen?", bat sie die weise Seele. Das tat diese gerne.

„Die Seele bringt sich in den vom Geist manifestierten Formen zum Ausdruck. Über die Seele drückt sich dein Wesen aus. Mit der Seele sind alle Erfahrungen, Empfindungen und das innere Anliegen verbunden. Sie teilt sich dir mit über deine innere

Stimme, Träume, Inspirationen und das Sehnen. Der Auftrag der Seele auf Erden ist es, Unvollbrachtes zu vollbringen, die Berufung zu leben, die Einzigartigkeit des Lebens zum Ausdruck zu bringen, Bewusstheit zu gebären, Gefühle entstehen zu lassen und alle abgespalteten Seelenanteile wieder zu integrieren. Du kannst dir diese Seelenanteile wie ein Puzzle vorstellen, das bei jeder Erfahrung vollständiger wird. Wenn du alle Teile wieder eingesammelt und integriert hast, gibt es deine einzigartige Frequenz wieder.

Wesentlich ist deine innere Ausrichtung auf die Einheit, das löst das Sehnen in dir aus, in tiefe Verbindung mit anderen zu gehen. Diese tiefe Verbindung wird aus jeder Essenz ersehnt, denn sie hebt Trennung auf."

Wieder ließ die weise Seele Elayna Zeit, die vielen Informationen zu verinnerlichen, bevor sie zum Geist überleitete.

„Während es bei der Seele um seelischen Ausdruck, Verbundenheit und Vertiefung geht, ist beim Geist Erweiterung und Ausdehnung wesentlich. Je mehr du dich für deinen Geist öffnest und ihn wahrnehmen kannst, desto feiner wirst du die Impulse aus geistiger Ebene und Eingebungen aus höheren Quellen empfangen. Aufgrund der ALL-Verbundenheit werden stets Impulse an dich gesendet. Wenn du aber nicht verbunden bist, kommen die Impulse nicht an oder du nimmst sie nur sehr verzerrt wahr."

Elayna fragte verwundert: „Warum sollte ich nicht verbunden sein?"

„Dazu kommen wir gleich. Was ich dir noch mitgeben möchte, ist, dass es deiner Hygiene auf allen drei Ebenen bedarf. Körperhygiene ist mittlerweile für die meisten Menschen selbstverständlich, aber gerade Gedanken- und Gefühlshygiene braucht es für die Vorbeugung auf geistiger und seelischer Ebene. Sei also achtsam mit dir, was du denkst und wie du fühlst. Stoppe dich bewusst, wenn du dich in Gedankenkreisläufen verlierst oder in unvollendeten Gefühlen hängst, denn deine Gedanken und Gefühle haben einen Einfluss auf dein Leben."

Das konnte Elayna sich mittlerweile gut denken und sie bat die weise Seele, ihr über Eingebungen und Impulse eine Erinnerung zu schicken, wenn sie dieses Thema auf der Erde vergessen würde. Diese schmunzelte, doch sie wusste, dass Elayna einen sehr feinen Zugang zu ihren geistigen und seelischen Ebenen haben und so offen sein würde, dass die Impulse bei ihr ankämen.

„Ein letzter Aspekt noch, bevor wir zum nächsten Thema übergehen", setzte die weise Seele an. „Auf der Erde gibt es zwei verschiedene Zugänge zu den höheren Ebenen: Die Geistleitung und die Seelenleitung. Beides ist gleichwertig und jeder Mensch wählt sich den Zugang, über den er den direkteren Weg hat zu seiner Selbsterkenntnis. Du hast dir bereits deinen Zugang für deine nächste Inkarnation bestimmt und wirst bei den Menschen um dich herum schnell feststellen, ob sie die gleiche Leitung haben wie du. Die Geistgeleiteten werden über geistige Impulse geführt. Sie können sich gut in Worten ausdrücken und begreifen schnell. Ihre Aufgabe ist es, ihr klares Denken mit dem reinen Fühlen zu verbinden und so in der Handlung beides zum Ausdruck zu bringen. Für sie ist Ordnung sehr wichtig, während sich seelengeleitete Menschen Harmonie und Geborgenheit wünschen. Seelengeleitete haben gewählt, den Weg des Fühlens und der Intuition zu gehen. Bei ihnen ist erst ein Gefühl da, und wenn sie ihm folgen, verstehen sie oft erst den Sinn dahinter. Ihr Thema ist meist, nicht in Rückzug zu gehen, sondern sich klar in Ausdruck zu bringen und zu lernen, ihre Gefühle in Worten auszudrücken.

Seine Leitung zu kennen ist ein Geschenk, sich selber und seine Mitmenschen besser zu verstehen."

Verbunden mit Himmel & Erde

Langsam kam der Moment näher, wo Elayna sich auf den Weg machte, sich in einer Körperform zu erfahren. Also nahm sie ihre Chance wahr, alle Fragen stellen zu dürfen. Deswegen bat sie die weise Seele, ein Thema nochmal zu vertiefen.

„Kannst du noch mehr dazu erzählen, warum wir die Verbundenheit mit allen nicht mehr spüren können? Genau das ist doch eigentlich unser natürlicher Zustand. Es muss schwierig sein, wenn das nicht mehr da ist."

„Es wäre wirklich einfacher, wenn ihr in der Anbindung und Verbindung bliebet", setzte die weise Seele an zu erklären. „Aber was für dich wesentlich ist, ist, dass jeder die Chance hat, sich wieder zu verbinden. Du kannst dich immer wieder bewusst mit dem Herzen des Universums verbinden und spüren, wie diese Energie in dich einfließt. Und dann verbinde dich mit dem Herzen von Mutter Erde und spüre ihre tragende, stabilisierende Kraft und ihre Liebe und Geborgenheit, mit der sie jedes einzelne Wesen trägt. So kannst du wahrnehmen, dass du ein Bindeglied zwischen beiden bist. Und dann spüre dein Herz und verbinde dich darüber wieder mit deinem Ursprung und mit allen Wesen um dich herum."

Elayna wünschte sich sehr, das zu erinnern, wenn sie auf der Erde angekommen war. „Wenn ich mich also einmal wieder verbunden habe, wird es dann wieder so sein, wie es hier ist?"

„Es kann so werden, aber das braucht viel Vertrauen und Sehnen von dir. Es ist nicht damit getan, dass du dich einmal verbindest, sondern du kannst es eher wie eine tägliche Übung sehen. Wenn du morgens aufwachst, dann verbinde dich bewusst, bevor du abends einschläfst, verbinde dich. Und immer, wenn du zwischendurch merkst, du bist aus der Verbindung rausgeflogen oder besser gesagt, sie in dir nicht mehr wahrnehmen kannst, dann verbinde dich erneut. Irgendwann wirst du sehr klar spüren, ob du verbunden bist oder nicht. Du hast dann in jedem Moment die Chance, egal wo du bist, wieder Verbindung aufzunehmen. Aber sei in der Gewissheit, auch wenn du deine Anbindung mal nicht spürst, heißt das nicht, dass wir dich nicht mehr spüren. Deine Engel sind immer da. Und auch wenn du mit uns nicht mehr in Verbindung bist, können wir dich trotzdem erreichen. Wenn es eine Botschaft gibt, die essenziell wichtig für dich ist, dann kommt sie an, auf welchem Weg auch immer. Sei offen und neugierig, die Botschaften wahrzunehmen."

Das beruhigte Elayna, trotzdem beschäftigte sie das Thema noch sehr. „Es macht einen großen Unterschied, wenn ich verbunden bin oder nicht, richtig?" vergewisserte sie sich.

„Fühl mal rein und beantworte du mir die Frage", forderte die weise Seele sie liebevoll auf, ihre Verbindung bewusst dafür zu nutzen.

Elayna stellte sich auf das Menschsein ein, spürte in ihre Verbindung und antwortete hauptsächlich zu sich selbst: „Der Unterscheid ist sehr groß. Ohne die Verbindung habe ich viel weniger Kraft zur Verfügung, denn ich verbrauche meine eigene Energie, anstatt aus der Verbindung zu handeln, in der alle Energie frei verfügbar ist. Ich bin müde, gehe in Ablenkung und setze auch unvollendete Ideen um, die nicht im Einklang mit allen sind. Ich spüre mich selbst viel weniger, wenn ich nicht in meiner natürlichen Verbindung zu allem bin." Elayna wusste, dass all das nur ein Auszug dessen war, was es bedeutete, nicht mehr verbunden zu sein. Sie schaute erstaunt die weise Seele an. Diese sagte sanft zu ihr: „Spürst du jetzt, warum es so wesentlich ist, sich selbst wieder zu verbinden?“

Inkarnationsauftrag & Existenzauftrag

„Wenn du dich in Verbindung mit Himmel und Erde selbst spürst, dann spürst du auch, was deine selbstgewählte Aufgabe auf der Erde ist, also was dein Inkarnationsauftrag ist.“

Damit Elayna zu dem Punkt kommen konnte, wo sie auf der Erde ihre selbstgewählte Aufgabe vollenden konnte, entschied die weise Seele, ihr noch mehr über ihren Inkarnationsauftrag zu erzählen.

Elayna spürte, bei welchem Thema die weise Seele angekommen war und wurde direkt neugierig. „Erzähl mir ganz viel darüber“, bat sie.

Das tat die weise Seele sehr gern. „Jeder Mensch ist eine Verkörperung einer Essenz mit der Aufgabe, seinen Inkarnationsauftrag in der aktuellen Inkarnation zu vollenden. Oder einfacher gesagt: Jeder, der in eine Form kommt, hat eine Aufgabe zu erfüllen.

Der Inkarnationsauftrag beinhaltet alles, was mit der Inkarnation zu tun hat, in der sich der Mensch gerade befindet. In ihm ist alles gespeichert, was er sich ausgesucht hat, dieses Mal bewirken zu wollen. Es ist wie eine Vereinbarung, den seine Geist-Seele-Einheit vor der Inkarnation geschlossen hat.

Der Sinn menschlicher Existenz ergibt sich aus dem Inkarnationsauftrag. Für dessen Erfüllung erhält jeder Mensch in jeder Inkarnation alles Materielle und alle Fähigkeiten, die er braucht, um ihn zu vollenden. Der angeborene Energievorrat gibt also jedem die Kraft und Möglichkeit, seinen Inkarnationsauftrag zu erfüllen.“

Elayna hakte nach: „Warum schaffen es so viele dann nicht?"

„Weil sie ihre Energie nicht zielgerichtet einsetzen. Wenn du deine Energie überall reingibst, aber nicht in deinen selbstbestimmten Auftrag, dann hast du vielleicht andere unterstützt, aber dich nicht verwirklicht. Außerdem sind die Menschen auf der Erde viel in Ablenkung und Leben in Systemen, was einen Teil ihrer Lebensenergie bindet, in dem sie ihre Schöpferenergie nicht einsetzen können. Im System geht es um Unterhaltung, nicht um Entfaltung. So ist es für die Menschen kaum möglich, ihre Bestimmung zu leben und zu erfüllen. Wenn die angeborene und eingegebene Energie vollständig verbraucht ist, wird die körperliche Existenz beendet, und alles nicht Vollendete wird vom Wesen mit in die nächste Inkarnation genommen. Doch dazu wird es bei dir nicht kommen, da du dir bestimmt hast, dich in dieser Inkarnation zu vollenden und umfassend vorbereitet bist. Außerdem unterstützen dich, so wie jeden anderen Menschen auch, immer die geistigen Wesen, auch wenn du sie nicht immer wahrnehmen kannst."

Elayna kicherte. Noch konnte sie sich kaum vorstellen, dass sie kein geistiges Wesen mehr wahrnehmen können würde. Es war für sie normal, dass um sie herum Wesen waren, wie ihre Engel, mit denen sie jederzeit in Verbindung und Kommunikation gehen konnte. Doch es beruhigte sie zu wissen, dass diese Wesen auch auf der Erde immer bei ihr sein würden und sie, je weiter sie in ihrer Entwicklung kam, diese immer mehr würde wahrnehmen können.

Die weise Seele fühlte, was in Elayna vorging, und ließ ihr ihre Zeit, bis sie wieder zum Thema kam. Dann fuhr sie fort: „Nach menschlichem Verständnis ist der Inkarnationsauftrag ein

Plan, der alle wichtigen Ereignisse, Verbindungen, Lebensthemen, Chancen und Möglichkeiten enthält."

Elayna fragte etwas genauer nach. „Jeder Mensch hat ja seinen Inkarnationsauftrag vorgeburtlich selbst bestimmt. Doch weil wir das auf der Erde nicht mehr wissen, glauben wir an Zufall, richtig?"

„Ja. Doch es geschieht nichts zufällig, sondern alles geschieht bestimmungsvoll. Immer geschieht die Bestimmung deiner Bestimmung. Doch letztendlich geschieht die höchste Bestimmung. Nichts im Universum oder auch in deinem Körper geschieht ohne Bestimmung. So hast du auch bestimmt, wem du begegnen möchtest. Aus deiner freien Wahl heraus kannst du diese Begegnungen immer verschieben, aber irgendwann kommt ein Punkt, da kannst du dich nicht mehr verschieben. Aber du kannst jederzeit frei entscheiden, dich von deiner Bestimmung abzukehren und abzulenken. Du bist der Schöpfer. Der Punkt ist aber, dass der Schöpfer das nie machen würde. Warum auch? Wenn du deiner Bestimmung folgst, kann alles erreicht werden, berührt werden, erfüllt werden und vollendet werden", beschrieb die weise Seele das Schöpfungsprinzip.

„Danke, das habe ich verstanden. Ich folge also einfach meiner Bestimmung", lächelte Elayna.

Auch die weise Seele musste jetzt lächeln, da sie sich erinnerte, dass auch sie sich das immer wieder vorgenommen hatte vor ihrem Niederstieg. Die Umsetzung war ihr anfangs nicht immer direkt gelungen, umso mehr freute sie sich, Elayna jetzt genau dahin begleiten zu dürfen. Also kehrte sie zum eigentlichen Thema zurück und fuhr fort. „Niemand inkarniert in die Welt, ohne vorher umfassend auf seine Inkarnation vorbereitet zu sein und sich vorbereitet zu haben. Auf der Ebene des überdualen Bewusstseins kennen also alle ihren selbst entworfenen Plan auswendig."

„Lass mich raten", warf Elayna wieder neugierig dazwischen, „auch das vergesse ich komplett, oder? All das, was ich mir für meinen Weg ausgesucht habe?"

„Vorerst ja. Denn in der Dualität haben die Menschen meist keinen Zugang mehr zu der überbewussten und unterbewussten Ebene. Sie vergessen, dass es einen Inkarnationsplan gibt und dass sie ihn selbst gestaltet haben. Allein dies zu erkennen, lässt sie einen großen Schritt in ihrem Bewusstsein gehen, da sie alles, was ihnen in ihrem Leben begegnet, selbst so ausgesucht haben. Dann fällt es den Menschen auch leichter, die Verantwortung dafür zu übernehmen."

Wieder musste Elayna schmunzeln. Auch sie hatte schon als Mensch in Leben gelebt, in denen sie davon ausgegangen war, sie hätte einfach Pech. Ganze Inkarnationen, in denen sie andere für das verantwortlich machte, was ihr widerfuhr, anstatt selbst die Verantwortung zu übernehmen und aus den Erlebnissen zu lernen. Als Mensch war ihr meistens weder ihr selbstgewählter Inkarnationsauftrag bewusst, noch das Gesetz der Resonanz, also, dass sie genau das anzog, was sie in ihren Gedanken und Gefühlen kreierte.

„War dann die ganze Inkarnation umsonst, wenn ich meinen Auftrag nicht erfüllt habe?", fragte sie vorsichtshalber nach.

„Es ist nichts umsonst auf deinem Weg. Aber es ist so, dass, wenn die Menschen zu viel ihrer Bestimmung vergessen, es dann weiterer Inkarnationen bedarf, bis sie ihren Inkarnationsauftrag vollständig erkannt haben. Häufig ist er auch so umfangreich, dass die Geist-Seele-Einheit in einer Inkarnation nur einen Teil löst und zur vollständigen Vollendung mehrere Inkarnationen braucht. Auch das ist selbst gewählt, dann erfolgt die geistige Weiterentwicklung in einem anderen Körper.

Jedes Wesen inkarniert immer wieder, bis es den Inkarnationsauftrag vollendet hat. Solange der noch nicht vollbracht ist, muss es wiederkommen. Sobald er vollbracht ist, darf es wiederkommen. Dann können die geistigen Wesen auch wählen, nicht wieder auf die Erde zu kommen, da alles Wesentliche von ihnen erlebt, erfahren und erkannt ist."

All das verstand Elayna. Sie dachte zurück an die drei Ebenen Körper, Seele und Geist und fragte sich, ob man das auch auf den Inkarnationsauftrag beziehen konnte.

Noch bevor sie die Frage laut auszusprechen brauchte, nahm die weise Seele diese Schwingung wahr und vertiefte das Thema. „Natürlich findet auch der Inkarnationsauftrag auf den drei Ebenen statt. Körperlich geht es darum, vital, heil, gesund und ganz zu sein. Geistig geht es um die geistige Ausdehnung und um die Bewusstwerdung, um die Einheit wieder zu erkennen und in sich zu integrieren. Es geht um geistige Klarheit und die komplette Erinnerung. Der seelische Aspekt ist, die Berufung zu leben, die der Rahmen der menschlichen Handlungen sein sollte. Der andere Aspekt ist die Begegnung mit dem dualen Seelenpartner - dem Menschen, der die höchste geistige und seelische Übereinstimmung mit dir hat. Seinem Dualseelenpartner zu begegnen ist eine Einheitserfahrung. Mit ihm gemeinsam kann eine Verschmelzungserfahrung erlebt werden.

Alles, was im Inkarnationsauftrag enthalten ist, entspricht sowohl dem eigenen Sehnen als auch der Vollendung des

Ganzen. Der Inkarnationsauftrag enthält keine Schattenanteile, also Informationen oder Aufgaben die anderen Wesen schaden können, und ist immer zum höchsten Wohle aller.

Wenn der Mensch sein ureigenes Anliegen nicht erfüllt, blockiert er den natürlichen Fluss des Lebens und duale Erscheinungen treten auf wie Mangel, Sucht und Leiden."

Die beiden Seelen waren für eine Weile in Stille, um all das wirken zu lassen. Nach einer Weile erinnerte sich Elayna an das, was die Menschen Ego nannten, und bat die weise Seele, ihr mehr darüber zu erzählen.

„In jeder Inkarnation setzt sich der Mensch mit dem Ego auseinander, auch dann, wenn er in seinem Bewusstsein schon sehr weit ist. Das Ego lenkt ihn oft ab von dem, was wesentlich ist, um ihn so daran zu hindern, den Inkarnationsauftrag zu erfüllen. Wenn der Mensch das fühlt, kann er viele Dinge und Umwege lassen, da sie weder ihn noch sonst jemanden weiterbringen. Doch zum Ego kommen wir später ausführlicher Elayna. Lass uns noch einmal über deinen Inkarnationsauftrag sprechen.

Je weiter der Mensch in seinem Bewusstsein kommt, umso tiefer ist sein Einblick in seinen Inkarnationsplan. Viele Dinge, wie Unfälle oder Krankheiten, können erst im Zusammenhang mit dem Inkarnationsauftrag ganzheitlich und vollständig verstanden werden. Darum ist es so wesentlich, dass sich der Mensch wieder bewusst wird, worin auch der eigentliche Sinn der Bildung und Weiterentwicklung liegt. Denn dadurch öffnen sich ihm immer mehr Tore und er bekommt Einblicke in alte Inkarnationen. Das ist eine Chance, zu erkennen, was noch nicht gelöst ist, und was er in diesem Leben noch vollenden kann.

Wenn er so sein altes Karma löst, hat er beim Entwerfen seiner zukünftigen Inkarnationspläne mehr Wahlmöglichkeiten, da es weniger Dinge gibt, die noch von ihm erledigt werden müssen.

Dem Menschen wird immer mehr bewusst, dass das zeitliche Ende einer Erdenexistenz kein Endpunkt ist, sondern ein Übergang zu einer körperlosen Existenzform. Danach hat jedes Wesen wieder die Möglichkeit und die Gnade, in einen Körper zu inkarnieren. Das ist ein großes Geschenk, weil es bedeutet, dass jedes Wesen wieder alle Chancen hat, sich zu vollenden."

„Wenn der Inkarnationsauftrag dann vollendet ist, was kommt dann? Wie geht es dann weiter?", fragte sie bei der weisen Seele nach.

„Das ist eine weise Frage. Der Inkarnationsauftrag ist integriert in den Existenzauftrag. Der Inkarnationsauftrag gilt jeweils für eine Verkörperungsphase. Alles, was noch nicht gelöst ist, nimmt der Mensch mit in die nächste Inkarnation. Wenn er seinen Inkarnationsauftrag vollendet hat, das heißt, alle Aufgaben und Themen gelöst sind, kommt er in die Selbstmeisterschaft. Dann ist er mit seinen individuellen Themen durch, also all den Dingen, die ihn persönlich betreffen. Der Existenzauftrag ist dem übergeordnet, da er die Aufgaben mehrerer Inkarnationen in einen schlüssigen Zusammenhang stellt. Er betrifft die globale und universelle Ebene und umfasst die Existenz als geistiges Wesen.

Der Existenzauftrag ist der Essenzauftrag und sein Ziel ist es nicht, in einer Inkarnation vollendet zu werden. Es ist der Auftrag, den die Essenz in sich hat und bei jeder Verkörperung ausdrücken und ausdehnen möchte. Darum liegt die höchste Erfüllung des Menschen in seiner Selbstverwirklichung.

Bei dem Existenzauftrag bringt sich jedes Wesen vollständig ein und das Ziel allen Wirkens ist die Einswerdung mit allem und damit die Aufhebung des Individuellen.

Allen Menschen fließt aus der universellen Ebene Energie zu, sodass sie ihren Existenzauftrag erfüllen können. All diejenigen, die das erkennen und sich auf seine Erfüllung einstellen, haben dafür alle Kraft zur Verfügung.

Ist der Existenzauftrag erfüllt, öffnen sich neue Ebenen. Dann ist die Existenz in dieser Galaxie vollendet und die Essenz kann die Ebene wechseln in andere Galaxien. In den neuen Dimensionen kann dann ein neuer Existenzauftrag angenommen werden."

„Ähm, das ist hoch", warf Elayna ein. „Kannst du das ein bisschen einfacher sagen?"

Die weise Seele schmunzelte. „Der Inkarnationsauftrag sagt, erkenne dich, vollende dich. Er ist die Vollendung des Menschlichen. Der Existenzauftrag ist die Offenbarung des Ursprungs. Es kann zum Beispiel Teil des Existenzauftrages sein, neue Planeten zu erschaffen."

„Das ist cool. Aber für die Inkarnation, die jetzt kommt, vollende ich besser erstmal meinen eigenen Auftrag." Elayna lachte. Doch dann wurde sie wieder ernst und fragte: „Macht das denn jeder?"

„Ja. Es ist nur vielen nicht mehr bewusst. Doch es ist so, dass jeder Mensch auf dem Weg zu seiner Vollendung, seiner Selbstmeisterschaft, ist. Und dabei ist es egal, wie oft, wo und wann der Mensch geboren wird, es geht jedes Mal um die Aufgabe, sich zu vollenden."

Obwohl Elayna verstand, wollte sie lieber auf Nummer sicher gehen. „Kannst du mir ein Bild dazu geben, was für mich auch dann noch Sinn macht, wenn ich als Mensch auf der Erde bin?“

„Bildlich gesehen kommen alle mit einem Rucksack voll Themen an, die sie sich vorher selbst eingepackt haben. Jeder hat den Rucksack genau so vollgepackt, wie er ihn tragen kann in dieser Inkarnation. Mit der Zeit wird es für den Menschen normal, diesen Rucksack aufzuhaben. Oft sitzt er ganz bequem auf seinem Rücken und der Weg ist auch machbar mit dem Rucksack. Doch vieles ist mit dem großen Rucksack gar nicht oder nur sehr eingeschränkt möglich, viele Wege sind nicht begehbar. Sobald du dich erinnerst und erkennst, dass der Rucksack nicht du bist, sondern du ihn Stück für Stück auspacken kannst, Aufgabe für Aufgabe löst, wird es immer leichter werden. Wenn du deinen Rucksack wieder mitnimmst, ohne alles ausgepackt zu haben, nimmst du es mit in die nächste Inkarnation. Aber natürlich packst du auch neue Sachen rein. Und dein Rucksack wird jedes Mal ein bisschen schwerer, damit du dich irgendwann daran erinnerst, dass du diesen Rucksack auf dem Rücken hast.“

„Aber ich kann mich doch nicht eine ganze Inkarnation damit beschäftigen, meinen Rucksack auszupacken?“, warf Elayna ein.

„Es geht ja auch nicht nur um dich. Es geht nur so lange um dich, bis es nicht mehr um dich geht. Denn irgendwann geht es um etwas, was größer ist als du, und was du bist“, erinnerte die weise Seele sie an das große Ganze. Dann leitete sie zum nächsten Thema über: „Ein wesentlicher Teil deines Inkarnationsauftrages ist, deine Berufung zu leben. Damit dienst du anderen Wesen, dass auch sie durch dich die Chance haben, zu erwachen und anfangen, ihren eigenen Rucksack auszupacken."

„Dann möchte ich von Anfang an meine Berufung leben. Erzählst du mir mehr darüber?"

Über die Berufung

„Alle Menschen kommen als vollkommene Wesen auf diese Erde und bringen ihre einzigartige Aufgabe mit. Beim Ankommen sind sie in Fülle und es ist alles da, um ihre Aufgabe zu vollbringen. Das ist bis zum letzten Atemzug ihr Ziel. Jedes Wesen trägt die Verantwortung für sich und für das Ganze. Darum ist es jedes Mal die wesentliche Frage, wie der Mensch seine Berufung leben und vollenden kann. Die Berufung ist das tiefste Seelenanliegen des Menschen und zugleich sein höchstes, geistiges Ziel. Seine Berufung zu leben bedeutet, seinen Geist und seine Seele zu verwirklichen und damit seinen Inkarnationsauftrag zu erfüllen.

Die Menschen, die ihre Berufung leben, haben den tieferen Sinn erkannt, der in der Einheitserfahrung und Einheitsverwirklichung liegt. Jeder ist berufen, seine einzigartige Aufgabe zu erfüllen und trägt damit zur Vollendung des Ganzen bei. Seine Berufung zu erfüllen, ist ein Zeichen vollkommener Bewusstheit. Der Mensch hat darüber die Chance, sein eigenes Bewusstsein anzuheben und zur Bewusstseinsanhebung seiner Mitmenschen und aller Wesen beizutragen.

Die Berufung offenbart sich durch das Seelenrufen, das den Menschen an seine einzigartige Aufgabe erinnert. Der Ursprung der Berufung ist die Seele, die über das Herz spricht und als Sehnen wahrnehmbar ist. Berufung ist damit verbunden, aus der inneren Fülle zu dienen und diese Fülle auch für andere erfahrbar zu machen. Solange sich der Mensch im Mangel befindet, ist es ihm nicht möglich, seine Berufung zu leben und zu verwirklichen."

Elayna hatte bereits ihre Berufung gewählt für diese Inkarnation, wie jede Seele, bevor sie sich verkörpert. Doch jetzt stutzte sie, denn sie wusste, dass sie auch das nicht mehr würde erinnern können. „Wie finde ich denn dann meine Berufung wieder? Kann ich sie suchen? Oder weiß ich gar nicht, dass es meine Berufung gibt?"

Die weise Seele erklärte ihr geduldig: „Es geht nicht darum, deine Berufung im Außen zu suchen oder dich durch Ausprobieren an die Berufung heranzutasten, sondern es ist ein Finden in dir selbst. Du wirst von Geburt an dein einzigartiges Potenzial haben, Talente, Fähigkeiten und besondere Gaben. An den Orten, an denen du als Kind lernst und begleitet wirst, wird es Aufgabe der Menschen um dich herum sein, dich zu unterstützen, dass du deine Berufung leben kannst. Das ist zurzeit noch nicht immer so, doch mit der Bewusstseinsentwicklung der Menschheit wird auch das sich weiterentwickeln. Auch kann man bei der Berufung nichts falsch machen, kein Mensch hat aus Versehen eine falsche Berufung gewählt. Im Beruf brauchen dafür einige Menschen viele verschiedene Berufe, bis sie erkennen, dass es sie nicht erfüllt."

„Wie unterscheidet man auf der Erde Job, Beruf und Berufung?", wollte Elayna wissen.

„Bei einem Job geht es hauptsächlich darum, Geld zu verdienen, um zu überleben. Ein Beruf wird aus einer Konditionierung gewählt, die abhängig vom Bewusstseinslevel des Menschen ist. Im Beruf ist der Mensch in Pflicht und Handeln aus Zwang, hier handelt er höchstens aus der Notwendigkeit. Die Berufung wird aus dem Sehnen erfüllt. Denn in der Berufung ist er im Dienen für seinen Nächsten, was stets mühelos und ohne große Anstrengung erfolgt."

„Hat denn jeder die Chance, seine Berufung zu erfüllen?“

„Ja“, bestätigte die weise Seele. „Du bestimmst dir ja vorher deine Berufung und deine Lebensumstände so, dass du alle Chancen hast, sie zu verwirklichen. Du bist mit allem ausgestattet, befähigt und bevollmächtigt, um deine Berufung zu erfüllen. Darum ist das Ausüben der Berufung keine Überlastung oder Überanstrengung. Es passt genau in deinen Lebensplan und du hast in jedem Moment genau die Energie und Kraft zur Verfügung, die du für das Leben und Verwirklichen deiner Berufung braucht.“

Elayna dachte laut nach. „Eine Berufung und eine Aufgabe haben ja nicht nur Menschen, sondern jedes Wesen. Also auch jede Pflanze, jedes Tier und Mutter Erde. Hat jeder die Information dazu in seiner Essenz?“

„Genau. Ein Baum zum Beispiel hat die Aufgabe, Menschen und Tieren Sauerstoff zum Atmen zur Verfügung zu stellen. Aber daneben hat jeder Baum auch eine geistige Aufgabe. Das kann sein, seine besondere Frequenz zur Heilung an andere zu senden, Kraft zu übertragen oder für Stabilität zu sorgen. Jedem Baum ist während seines gesamten Daseins hier auf Erden seine Aufgabe bewusst und er erfüllt und vollendet sie mit großer Freude“, beantwortete die weise Seele ihre Frage. Dann fuhr sie fort, das Thema Berufung noch weiter zu vertiefen.

„Durch die Erfüllung der Berufung hat der Mensch die Möglichkeit, sein altes, ungelöstes Karma zu lösen und neues, lichtvolles Karma zu setzen.

Jeder, der seine Berufung lebt, ist in seiner vollen Kraft und hat Zugang zu seinem Potenzial. Damit ist er ein Geschenk für alle.“

„Wow", Elayna staunte. „Wie wird das mit den Berufen sein, wenn ich auf der Erde bin? Werden noch neue Berufe kommen, die es bis jetzt noch gar nicht gibt?"

Die weise Seele erklärte ihr: „Definitiv, es werden in der nächsten Zeit viele neue Berufe entwickelt werden. Andere Berufe, die es jetzt noch gibt, werden durch die technischen Fortschritte wegfallen. Oder sie werden durch moderne Technik ersetzt, wie zum Beispiel durch Roboter. Und das ist in Ordnung, weil einiges nicht mehr zwingend von Menschen gemacht werden muss. Dafür werden andere, neue Berufe immer wesentlicher wie der Heiler, der Atemtherapeut oder der Aurachirurg."

"Den gab es noch nicht, als ich das letzte Mal da war", kicherte Elayna.

„Weil die Menschen die Bedeutsamkeit ihrer Aurafelder vergessen haben. Sie wissen nicht mehr, dass die Energiefelder um sie herum täglich von ihnen gereinigt werden müssen, damit sie nicht Fläche bieten für fremde Energien zum Anhaften. Du kannst vieles behandeln, bevor es sich im Körper als Krankheit manifestiert."

„Das ist klar. Körper, Seele und Geist sind ja untrennbar miteinander verbunden. Da wäre es doch blöd, nicht alle drei Ebenen zu behandeln." Elayna stockte. „Oder haben wir das etwa auch vergessen?"

„Es wird den Menschen langsam wieder bewusst", antwortete die weise Seele ihr. „Aber was dahintersteht, ist eine ganze Industrie und sehr viel Geld und Macht. Meist werden die Symptome behandelt, es wird nicht auf das eingegangen, was sich hinter den Symptomen verbirgt. Weißt du, es wird ja Geld mit dem kranken Menschen verdient. Ein Mensch, der auf allen drei Ebenen vollständig gesund und in Homöostase ist, braucht keine Medizin. Das heißt nicht, dass die Medizin und ihre Medikamente nicht gut sind. In diesem Feld wurden bewundernswerte Fortschritte gemacht. Aber was nicht mehr aus einer reinen Absicht heraus ist, ist die Art, wie damit umgegangen wird.

Aber das wird nicht dein Thema sein. Für dich ist wichtig, dass du erkennst: Immer, wenn es dir nicht gut geht, ist das ein Zeichen, dass du in der falschen Richtung unterwegs bist. Dein Körper hat die Gabe, dir zu zeigen, wann du genauer hingucken darfst. Sieh das als Geschenk und versuche bitte nicht, durch Medikamente zu unterdrücken, was dir über deinen Körper gezeigt werden soll. Wenn du auf dem richtigen Weg unterwegs bist, wenn du dich spürst und verwirklichst, hast du alle Energie in dir, die du benötigst, um auf allen drei Ebenen im Heilsein zu sein."

„Das ist mein Sehnen für diese Inkarnation, genau diesen Zustand zu erreichen", sagte Elayna zu sich selbst. Sie nahm sich ganz fest vor, dieses Mal nicht wieder alles zu vergessen. Sie wandte sich wieder an die weise Seele: „Letztes Mal wusste ich all das nicht mehr. Mir kam mein Dasein auf der Erde so schwer vor, wie eine Pflichterfüllung, aus der ich nicht aussteigen konnte."

Die weise Seele wurde deutlicher: „Ihr geht mit Sicherheit nicht auf die Erde, um euch zu reduzieren und in ein System zu passen. Um eine Tätigkeit auszuüben, die euch keine Freude macht, wo ihr euch am meisten auf die zwei Tage freut, an denen ihr sie nicht ausführen müsst. Und wenn die Umstände gerade auf der Erde nicht gegeben sind, wo jeder in seiner Berufung und großer Freude und Hingabe dient und sich verwirklicht – dann, Elayna, steigt nieder auf die Erde und erschafft das."

Nutze deine Medialität

Nach einer Weile setzte die weise Seele wieder an. „Es geht bei all dem nicht darum, es aus eurer eigenen Kraft schaffen zu wollen, sondern es aus eurer Schöpferkraft zu verwirklichen. Eine große Unterstützung dabei ist eure Medialität. Weil auch das ein Themenfeld ist, was den Menschen nicht mehr vollständig bewusst ist, lass uns doch ein wenig über dieses Thema sprechen. Gerade für dich ist es wesentlich, dir wieder über deine medialen Fähigkeiten bewusst zu werden, weil du dich so mit einer ganz anderen Energie auf der Erde einbringen kannst."

Elayna freute sich, denn auch das war ein Teil ihrer selbstgewählten Aufgabe, den Menschen ihre Medialität wieder bewusst zu machen. Also bat sie die weise Seele, direkt anzufangen, ihr mehr darüber zu erzählen.

Das tat die weise Seele natürlich gerne. „Medialität ist in jedem angelegt. Es ist der ursprüngliche Zustand der Normalität im Universum. Selbst Planeten und Kometen stehen zueinander in medialer Verbindung. Es gibt also niemanden, weder auf der Erde noch irgendwo anders, der nicht medial ist. Doch wenn der Mensch mit einem niedrigen Bewusstsein unterwegs ist, verdrängt er diese natürliche Gabe. Wenn er sich entwickelt und aus seinem „Schlafzustand" wiedererwacht, dann vertieft, verfeinert, und verstärkt sich der Grad der Medialität. In den höheren Bewusstseinsleveln lebt der Mensch sehr medial und ist sich über seine medialen Fähigkeiten bewusst. Es geht also immer um die Entdeckung, Ausbildung und Weiterentwicklung deiner medialen Fähigkeiten."

„Wie werde ich mir denn über meine Medialität bewusst, wenn ich ein Mensch bin?“

„Indem du dich für sie öffnest, deine Vorstellungen loslässt und dich auf sie einlässt. Medialität entsteht durch die Verfeinerung der menschlichen Sinne. Oft ist es erstmal ein sehr feiner Impuls, eine leise Stimme. Doch je mehr du dich auf die Medialität einlässt und sie in dir erforschst, desto klarer wirst du sie wahrnehmen können. Sie ist immer ein Geschenk und eine Erweiterung für dich, durch die Kraft ihrer Botschaften. Sie ist ein natürlicher Zustand, der dir ganz neue Möglichkeiten eröffnet, aber deinen Energieeinsatz braucht. Sie ist in dir und wird dann präsent, wenn du präsent bist. Dann nimmst du sie nicht mehr als etwas wahr, womit du dich beschäftigst, sondern als einen Anteil von dir. Nicht selten aber wird die Medialität durch die geistige Trägheit verhindert“, schloss die weise Seele ihre Ausführungen über die Medialität.

„Ist denn geistige Trägheit immer der Grund, seine Medialität nicht zu fühlen? Was ist, wenn sie sich bei jemandem gar nicht zeigt?“

„Wenn du dich durch Trägheit, egal welcher Form, bestimmen lässt, hast du deine Tür zur Medialität verschlossen. Die vier wichtigsten Ursachen, dir über deine Medialität nicht bewusst zu sein, sind Blockaden, Vergesslichkeit, Verdrängung und Widerstand. Diese Hindernisse der Kommunikation beziehen sich zuerst auf die medialen Wege, doch wenn sie nicht erkannt und gelöst werden, betrifft das irgendwann auch die dualen Kommunikationswege.“

Elayna hatte Schwierigkeiten, das nachzuvollziehen. „Aber meinem Geist ist doch Medialität immer bewusst? Wie kann sich das so verändern auf der Erde?"

„Du wirst nicht mehr die Verbindung zu dem Geist haben, sondern nur zu einem Teil von ihm. Dir wird die volle Schöpferkraft deines Geistes nicht mehr bewusst sein, denn mit dem Einzug deines Wesens in einen menschlichen Körper ist auch eine Einschränkung der Bewusstheit von Geist und Seele verbunden. Als Mensch nimmst du dann eine endlich dimensionierte Seele und einen endlich dimensionierten Geist an. Häufig ist dieser „menschliche Geist" nicht eingelenkt, sondern abgelenkt. Ihn beschäftigen viele Dinge auf einmal und er kann sich nicht mehr gut auf eine Sache fokussieren. Gedanken machen sich selbstständig, es entsteht in dir ein Gedankenkarussell, das dich beschäftigt und unterhält. Das, was dich bloß unterhält, hält dich unten. So kommst du nicht in deine wahre Größe. Menschen identifizieren sich sehr häufig über ihren Verstand, nicht über den Geist."

„Kann der Verstand medial werden?" Elayna war an einem Punkt, wo sie sich über das Menschsein wunderte. Sie fand es schwer vorstellbar, so einen großen Bereich an Fähigkeiten nicht nutzen zu können, sondern sich mit dualen Dingen zu identifizieren.

Die weise Seele verstand ihre Gedankengänge gut und ließ ihr Zeit, über die Dinge nachzufühlen. Dann beantwortete sie ihre Frage: „Nein. Er kann größer werden in der Aufnahmekapazität und er kann leistungsfähiger werden, also quantitativ anwachsen. Medialität jedoch ist eine Qualität des Herzens. Du kannst aber sagen, dass Medialität den Verstand des Menschen erweitert und neue Herzenswege des Verständnisses eröffnet."

„Aber ist es dann nicht manipulativ, seine Medialität zu nutzen?“, fragte Elayna vorsichtshalber nach. Sie dachte darüber nach, dass dann die Menschen im Vorteil sein würden, die Zugang zu ihrer Medialität haben.

„Aber genau die Menschen, die ihre Medialität spüren, sind vom Bewusstsein so weit, dass sie sie niemals gegen jemand oder etwas verwenden würden, das geht gar nicht. Im Gegenteil, mediale Menschen haben ein natürliches Sehnen, auch andere Menschen wieder in ihre Medialität zu bringen, weil sie das Leben bunter macht und viele neue Facetten des Miteinanders aufzeigt. Es sollte sehr normal sein, medial zu sein, denn es ist der ursprüngliche Ausdruck des Menschen. Wenn du jedoch von manipulativ sprechen möchtest, dann ist das eher das Handeln der Menschen, die andere unterdrücken und sie dazu bringen, zu funktionieren und ins System zu passen, anstatt ihre Einzigartigkeit und Ursprünglichkeit zu leben. Aber wenn du deine Kraft anwendest, die du hast, bist du nicht mehr so leicht zu kontrollieren und in einem System zu halten. Doch auch hier gilt, sei nicht gegen das System, sondern sei für eine Evolution und Wiederannahme der Medialität.“

Da Elayna das verstand und die Frage dazu in sich nun gelöst hatte, fragte sie neugierig weiter. „Welche Formen der Medialität gibt es denn auf der Erde?“

„Es gibt viele verschiedene mediale Fähigkeiten. Die Fähigkeiten, die immer mehr Menschen wieder annehmen, sind beispielsweise mediales Sehen, was ein Hineinsehen in den anderen ist. Du siehst etwas, was physisch nicht sichtbar ist. Beim medialen Hören hörst du zwischen den Worten und unausgesprochenen Gedanken. Die feine Wahrnehmung eines inneren Impulses aus deinem Herzen heraus ist das mediale Fühlen, was du auch als innere Stimme wahrnehmen kannst. Dann gibt es noch das mediale Empfangen, wo du aus der überdualen Welt Botschaften empfängst und auch weitergeben kannst. Das nennt man Channeln. Beim medialen Schreiben hast du das Gefühl, geschrieben zu werden, denn deine Hand wird geführt und du schreibst etwas nieder, was du dir nicht erdacht hast. Mediales Wissen ist ein höheres Erkennen, das Inhalte aus dem Seinsbuch offenbart. Über alle Kanäle werden Botschaften empfangen, die du mit anderen teilen darfst, zu ihrer Erweiterung und Vertiefung. Denn all diese Fähigkeiten sind nicht nur ein Geschenk an dich, sondern sie sind stets dazu da, zum höchsten Wohle aller weitergegeben und geteilt zu werden."

Elayna nickte, denn den Punkt verstand sie sehr gut. Sie erinnerte sich, dass auch sie in anderen Inkarnationen Wissen für sich behalten hatte, was eigentlich für alle Menschen gedacht war. Und dieser Zustand der Medialität, der so frei und offen und für jeden zugänglich ist, war im Grunde nichts Neues für sie, sondern die Erinnerung daran, wie alle einst miteinander gelebt haben. Damals im Ursprung-Volk.

Jetzt war es an der weisen Seele zu nicken. „Und es ist nicht nur der Zustand, den wir einst gelebt haben, sondern auch der, der jetzt vorgesehen ist, wieder gelebt zu werden. Dazu kommt noch, Elayna, dass oft die Vorstellung herrscht, dass Medialität nur für einige wenige zugänglich sei. Dass diese Gabe nur für wenige vorbehalten sei. Das ist nicht nur unwahr, sondern blockiert die Menschen auch darin, ihre eigene Medialität wieder anzunehmen und zu leben."

„Was ist denn jetzt die Aufgabe in der Welt, damit alle wieder uneingeschränkt ihre Medialität leben können?"

„Zum einen darf jedes menschliche Wesen auf der Erde sich wieder mehr und mehr über sein wahres Wesen bewusst werden. Damit die Medialität wirklich frei gelebt werden kann, bedarf es der Auflösung der schattenbehafteten Themen, welche die Menschen zurzeit noch beschäftigen. Ein anderer wesentlicher Punkt ist, dass all die Wesen, die jetzt inkarnieren, in ihrer Medialität gestärkt und gefördert werden. Gerade Kinder und junge Menschen haben meist noch einen sehr feinen Zugang, solange, bis sie in die Systeme der Gesellschaft gesteckt werden. Wie wundervoll wird es sein, wenn schon in den ersten Jahren die besonderen Talente jedes Kindes erkannt und gefördert werden. Wenn diese Kinder der neuen Zeit dann ihre Medialität zum Wohle aller einsetzen, ist das ein Geschenk für die ganze Menschheit und besonders für Mutter Erde und alle auf ihr lebenden Wesen."

ie Aura

Nach einigen Augenblicken, in denen Elayna all das Gesagte über die Medialität in sich verinnerlichte, war sie wieder bereit für ein neues Thema. Sie schaute sich um in voller Bewunderung für die wunderschönen Farben, die überall um sie herum die anderen Seelen umgaben. Es war ein wechselndes Farbenspiel, woran sie bei jeder Seele erkennen konnte, wie es ihr ging, womit sie sich gerade beschäftigte und wann es für sie an der Zeit war, sich auf eine erneute Inkarnation auf der Erde einzustellen. Bei den Seelen, die ihre Inkarnationen auf der Erde vollendet hatten, strahlten die Farben intensiver, da sie alle abgespaltenen Anteile wieder eingesammelt, integriert und damit die Lücken in ihren Energiefeldern geschlossen hatten. Sie hielt inne, als ihr bewusst wurde, dass sie das vermutlich auf der Erde auch nicht mehr sehen würde.

„Doch“, beruhigte die weise Seele sie. „Nicht in der Intensität wie hier, aber jeder Mensch verfügt von Geburt an über dieses Potenzial. Da er aber seine Wahrnehmungsfähigkeit sehr vergröbert hat, braucht es einiges an Übung und Vertiefung. Aber grundsätzlich ist es für menschliche Wesen möglich, die Aura der anderen zu sehen. Das setzt aber die volle Bewusstheit und die Erkenntnis seiner Selbst voraus.“

Das beruhigte Elayna, denn genau dort würde sie wieder hingelangen. Damit sie auf der Erde früh zu diesem Bereich wieder Zugang haben würde, bat sie die weise Seele, ihr mehr über die Aura zu erzählen.

„Die Aura ist ein feinstoffliches Energiefeld, das alle Wesen umgibt. Jede Aura ist einmalig und eine Momentaufnahme des

Ausdrucks der einzigartigen Frequenz. Dieses Energiefeld strahlt stets von innen nach außen.

Über sein Aurafeld teilt der Mensch sich den universell wahrnehmenden Wesen vollständig mit, also seine Wünsche, sein Sehnen, seine Handlungen und seine Absichten. Der Mensch ist hier vollständig transparent, was es unmöglich macht, im Aurafeld eine Information zu haben, die etwas Unwahres zeigt. Daher entspricht alles, was du in der Aura sehen und fühlen kannst, der Wahrheit."

Elayna fragte nach: „Alle Lichtwesen kommunizieren darüber, dass sie über ihre Energiefelder in direkten Kontakt gehen. Wenn die Menschen das nicht tun, fehlt doch ein riesiger Teil der Kommunikation?"

„Das ist so auf der Erde. Darum ist es möglich, zu lügen, andere zu täuschen und unwahre Dinge zu verbreiten. Aber je wahrhaftiger du lebst, desto mehr fühlst du, wenn Informationen nicht der Wahrheit entsprechen. Aber zur Kommunikation kommen wir später.

Wenn du die Aura bewusst wahrnimmst, kannst du viel Heilsames und Beglückendes erfahren und bei anderen bewirken. Dir wird durch das Sehen der Aura noch bewusster, dass das Getrenntsein und die Individualität eine Vorstellung, eine Illusion ist, da du sehen kannst, wie alle Felder miteinander in unmittelbarer Verbindung stehen."

Elayna schaute sich um und betrachtete genau das. Sie konnte wahrnehmen, wie alle Wesen in enger Verbindung waren und über ihre Aurafelder einander auf eine ganz besondere Weise wahrnahmen.

„Warum sehen wir die Aura überhaupt über Farben?", wollte sie nun wissen.

„So sind die Energien wahrnehmbar und vor allem sichtbar für den Menschen. Farben entsprechen der Wahrnehmung auf der Erde am ehesten, dennoch unterscheiden sich die feinstofflichen Schwingungen sehr von gewöhnlichen Farbeindrücken. Du kannst also die feinstoffliche Botschaft in einer grobstofflichen Darstellung sehen in Form von Farbkombinationen und Farbeindrücken. Dafür hat der Mensch dann verständliche Begriffe, um sich darüber auszutauschen."

„Wie entwickle ich denn auf der Erde wieder die Fähigkeit, Aura sehen zu können?", fragte Elayna nach.

„Durch Offenheit, Gelassenheit und Durchlässigkeit. Die Voraussetzung ist absolutes Vertrauen in dich selbst, zu den anderen und zur Universalität. Es wird dir erstmal leichter fallen, die Aura von den Menschen zu sehen, die schon weit in ihrer Entwicklung sind und aus ihrer Essenz heraus strahlen. Dort sind die Aurafelder deutlich wahrnehmbar, klar, rein und kraftvoll."

Noch immer konnte sich Elayna kaum vorstellen, dass die meisten Menschen auf der Erde die Energiefelder nicht mehr sehen, oft auch nicht mehr fühlen können. Darum fragte sie bei der weisen Seele nach: „Wie groß sind denn die Aurafelder auf der Erde? Und gibt es dort auch verschiedene Arten von Feldern?"

Die weise Seele ging tiefer auf die Erklärung der Aurafelder ein: „Es gibt drei Arten von Aurafeldern: das körperliche, das seelische und das geistige Aurafeld. Wenn vom Sehen der Aura die Rede ist, bezieht sich das auf das körperliche Aurafeld. Es verändert sich dauernd, und dehnt sich mit zunehmender Bewusstheit immer mehr aus. Es erscheint umso größer, je sensibler und liebender der Mensch ist. Bei einer Ausrichtung auf die Schattenaspekte erscheint es dunkler und beengter.

Das körperliche Aurafeld steht mit dem körperlichen Ausdruck des Menschen im engen Bezug und strahlt so lange, wie der Mensch am Leben ist. Es ist also wie eine Antenne um deinen Körper herum, die sehr sensitiv Energiebewegungen und Veränderungen der Schwingung um dich herum wahrnimmt. Das Erspüren geht schneller, als der Verstand das erfassen kann. Darum kann es zum Beispiel vorkommen, dass du dich an manchen Orten und mit manchen Menschen unwohl fühlen wirst, ohne dass du direkt eine Erklärung hast, warum.

Das seelische Aurafeld erstreckt sich bis zu mehreren Tausend Kilometern und enthält die Felder des Unterbewusstseins, die Themen, die noch zur Bewusstwerdung anstehen und die Erfahrungen, die bereits zur Selbsterkenntnis beigetragen haben. Die Kommunikation über diese Ebene erfolgt beispielsweise über Träume, Intuition und Empfindungen. In diesem Feld bleibt auch die Erinnerung erhalten und löst in den Menschen das Sehnen aus, wieder zu ihrer Ursprünglichkeit zurückzukehren.

Das geistige Aurafeld zeigt die Ausdehnung des Geistes an und dieser Geist ist unbegrenzt. Das Aurafeld kann über alle begrenzenden Vorstellungen hinauswachsen, auch in die Sphären anderer Ebenen und Galaxien hinein. Hier gelten keine Raum-Zeit-Begrenzungen, und so sind dem geistigen Wesen auch außerkörperliche Reisen über sein Geistaurafeld möglich. In diesem Feld ist das ewige Wissen enthalten, die ewige Erkenntnis und der Sinn hinter den Sinnen. Es teilt sich dem geistigen Wesen zum Beispiel über Eingebungen, Visionen und Ahnungen mit."

Für eine Weile waren die beiden Seelen in Stille. Dankbar blickte Elayna die weise Seele an. Doch dann konnte sie ihre Neugier nicht mehr zurückhalten und fragte weiter.

„Wozu ist das Wissen der Aura auf der Erde hilfreich? Gibt es Aufgaben, die verbunden sind mit den Aurafeldern und dem Menschsein?"

Die weise Seele freute sich über die Neugier und Offenheit von Elayna und ging auf die Frage ein.

„Die Menschen auf der Erde wissen inzwischen gut, dass sie ihren Körper pflegen müssen. Dass es aber auch ihre Aufgabe ist, ihre Aura zu pflegen, wissen die wenigsten. Doch je reiner die Aura, umso leichter kann die Anhebung des Bewusstseins und die Veredelung deines Ausdrucks geschehen. Auch die Heilung auf allen Ebenen ist mit einer klaren, reinen Aura verbunden. So beugst du Erkrankungen vor und hältst dich gesund. Je reiner die Aura, umso vitaler der Körper. Erinnere dich einmal an eine deiner Inkarnationen als Mensch. Und dann stelle dir bildlich vor, du läufst den ganzen Tag durch die Gegend. Mal wirst du nass, mal staubig, mal sandig. Wenn du dann nach dem Tag an deinem Körper runterblickst, siehst du, wie viel Schmutz den Tag über an dir haften geblieben ist. Genauso ist es mit der Aura, bloß, dass du das, was an dir haftet, nicht sehen kannst. Oft sind es auch Dinge, die du unbewusst übernommen hast. Du wirst es sehr fein merken, zum Beispiel daran, dass du nicht in deiner Kraft bist, oder dass du das Gefühl hast, etwas zieht dich runter, beschäftigt dich, du kannst aber nicht greifen, was es ist. Und egal, ob es deins ist oder nicht, es ist wesentlich, deine Aura zu reinigen. So entfernst du alles, was nicht zu dir gehört und hast darüber die Chance, dich selbst viel intensiver wahrzunehmen."

„Und wie reinige ich meine Aura ganz konkret, wenn ich ein Mensch bin?"

„Eine Möglichkeit ist, es geistig zu machen. Sehe dazu deinen Körper geistig vor dir, nehme dein Energiefeld um dich herum wahr und streife von oben nach unten alles aus deiner Aura raus. Deutlicher wahrnehmbar als Mensch wird es, wenn du nicht nur geistig, sondern über Bewegung deine Aura abstreifst. Schließe dafür deine Augen, verbinde dich mit Himmel und Erde und bitte darum, dass alles gehen darf, was nicht zu dir gehört. Dann beginnst du, mit etwas Abstand zu deinem Körper, oberhalb deines Kopfes, und streifst an deiner Vorderseite alles ab bis zur Erde. Am besten berührst du die Erde unter dir, ansonsten schiebst du die Energie nur zu deinen Füßen. Mache das drei Mal, damit auch wirklich alles abgegeben wird, was nicht deins ist. Wenn du vorne fertig bist, dann wiederhole es an deiner Rückseite, dann an deiner linken Seite, dann die rechte. Halte kurz inne und bedanke dich, besonders bei Mutter Erde, die die Energien für dich aufnimmt und transformiert. Wenn du das morgens und abends machst, tust du dir selbst einen sehr großen Gefallen und vieles wird leichter."

„Was ist, wenn ich mich nicht daran erinnern kann? Wenn ich nicht mehr von jedem die Aura sehen kann, werde ich doch bestimmt schnell vergessen, dass ich meine eigene Aura reinigen muss, oder nicht?"

Die weise Seele war erneut berührt von der Neugier und der Ernsthaftigkeit, mit der Elayna sich auf ihre nächste

Inkarnation vorbereitete. Also sagte sie beruhigend: „Du bist doch nicht alleine auf diesem Weg. Auf der Erde, zwischen all den wunderbaren Menschen, sind immer sehr weite Seelen und vollendete Seelen. Du wirst auf deinem Weg vielen begegnen, die eine Zeit lang wie ein Lehrer für dich sind, und von denen du viel lernen kannst. Genauso, wie du irgendwann wieder Lehrer für andere sein wirst. An das Reinigen deiner Aura wird dich jemand erinnern, und auch du wirst das später vielen anderen wieder nahebringen. All das wirst du erleben. Sei im Vertrauen und sei offen, dass alles zum richtigen Zeitpunkt zu dir kommt.“

Elayna bedankte sich bei der weisen Seele und ließ all das Gesagte auf sich wirken, bevor sie bereit war für das nächste Thema.

Karma

„Egal wie oft und wo der Mensch geboren wird, seine ureigene Schwingung bleibt gleich, nur sein Ausdruck und seine Form verändern sich. Das, was die Menschen Tod nennen, ist eine Formwandlung, der Übergang zu einer feinstofflichen Ebene. Aus der kann der Mensch aus eigenem Antrieb wieder in das Grobstoffliche übergehen, also in eine Form, wenn der Weg im Formhaften noch nicht vollendet ist. Je nach Erfahrung sind Seelen mit umfassender Kenntnis über die Dualität und das Leben auf der Erde unterwegs, andere stehen am Anfang ihres Erkenntnisweges. Da aber jeder Mensch erschaffend und bewirkend unterwegs ist, auch wenn er sich noch nicht bewusst ist über sein unvergängliches Dasein, kommt er in Begegnung mit dem Prinzip des Karmas."

Die weise Seele hielt inne, um das auf Elayna wirken zu lassen. Nach einer Weile fuhr sie fort.

„Karma an sich ist weder positiv noch negativ, sondern bedeutet, Handlung oder Erfordernis zu handeln. Es ist das noch nicht Vollbrachte, das Unerledigte, was mit dem Wesen des Menschen verbunden ist und daher in seinem Energiefeld, bis es von ihm aufgelöst wird. Ab dem Moment, wenn dem Menschen wieder bewusst wird, dass er ein geistiges Wesen ist und er seine Verantwortung für sein Handeln übernimmt, erlöst er das Karmaprinzip. Karma ist also eine Verantwortung, die noch nicht angenommen wurde."

„Kann ich also sagen", fragte Elayna nach, „dass ich als Mensch in jedem Moment neue Ursachen setze, die dann Wirkungen hervorbringen? Das bedeutet, für alles Karma, das ich setze, muss ich irgendwann die Verantwortung nehmen, es wieder auflösen?"

„Genau. Durch das Karma geht keine Energie verloren, es bleibt also solange mit dir verbunden, bis du die Verantwortung übernimmst und es vollendest. Es ist für den Menschen die Möglichkeit der Wiederbegegnung mit denjenigen, mit denen er noch etwas zu klären hat. Also immer, wenn du jemandem geschadet hast, jemanden verletzt, verhindert oder Versprechungen gemacht hast, die du nicht eingelöst hast, hast du damit etwas gesetzt, was du auch wieder auflösen musst. Meistens findet das in einer erneuten Begegnung statt. Wenn es dir bewusst wird, kannst du es direkt wieder lösen in der Inkarnation, in der du es setzt. Wenn nicht, nimmst du es mit in die nächste Inkarnation und begegnest dort allen wieder, mit denen du noch etwas aufzulösen hast."

Das verstand Elayna. Auch sie hatte noch etwas Karma im Gepäck, das sie mit auf die Erde nehmen würde. Sie hatte sich bereits mit den Seelen verabredet, mit denen sie noch etwas zu lösen hatte, doch sie wusste, dass sie sich nicht mehr daran erinnern würde. Die weise Seele nahm wahr, was in ihr vorging, und ging direkt darauf ein.

„Das macht nichts, Elayna. Um Karma zu lösen, brauchst du nicht zu wissen, wie du es gesetzt hast. Es ist natürlich hilfreich und möglich, sich als Mensch, zum Beispiel über Rückführung, in Trance oder auch übers Träumen, wieder daran zu erinnern. Doch dein Unterbewusstsein und dein Überbewusstsein, zu denen du erstmal keinen bewussten Zugang haben wirst, ziehen mit ihrer Resonanz genau die Wesen und Situationen an, mit denen du wieder etwas ausgleichen und in Balance bringen kannst."

Elayna erinnerte sich an ein Leben, in dem sie eine entscheidende Begegnung hatte mit einer alten Frau. Elayna hatte damals aus einer Macht heraus dazu beigetragen, dass diese alte Frau alles verlor, was sie besaß. Jetzt konnte sie ein anderes Leben wahrnehmen, was zu einem späteren Zeitpunkt stattfand, in dem sie genau der gleichen Seele wiederbegegnete, diesmal in Form eines jungen Mannes. Er lebte auf der Straße. Und obwohl sie selbst nicht viel hatte, unterstützte sie ihn, um ihm zu helfen, wieder zurück ins Leben zu finden. Sie wusste damals nicht wieso, doch sie hatte einen sehr starken Impuls, ihm zu helfen. Sie blickte fragend die weise Seele an, die aufmerksam mit ihr diese vergangenen Inkarnationen angeschaut hatte.

„Ja, genau solche Momente. Das war ein Beispiel von vielen, doch genau so gleichst du das alte Karma wieder aus. Du merkst über dein Fühlen, bestimmten Menschen etwas Gutes tun zu wollen, ihnen etwas zurückzugeben, obwohl vielleicht in diesem Leben noch nichts zwischen euch geschehen ist. Genau das, Elayna, beschreibt das alte Karma.

Dann gibt es noch das neue Karma, das du immer in dem Leben, in dem du dich gerade befindest, erschaffst. Es ist für diese Inkarnation und für alle, die noch folgen. Darum ist es wesentlich, bewusst nur Gutes in die Welt zu setzen, zum höchsten Wohle aller.

Als drittes ist da noch das globale Karma, welches jeden einzelnen Menschen in das Weltengeschehen mit einbezieht. Das kannst du daran erkennen, dass alles, was du denkst, fühlst und handelst, eine Auswirkung auf dein Umfeld hat. Es macht deutlich, dass alles mit allem verbunden ist."

„Das klingt so spannend. Ich kann es kaum erwarten, mich wieder als Mensch zu erfahren, diesmal mit einem höheren Bewusstseinslevel. Hat denn Karma auch etwas damit zu tun, in welche Familie ich inkarnieren werde?“, fragte Elayna nach.

„Wie sollte es anders sein? Du suchst dir für jedes Leben ein Umfeld aus mit Seelen, mit denen du schon gemeinsam Wege gegangen bist. Häufig inkarnieren Seelen auch in eine Familie, in der sie mit Familienmitgliedern noch etwas zu klären haben. Dadurch haben alle Beteiligten viel Zeit, sich über die alte Verbindung wieder bewusst zu werden und das Karma darüber aufzulösen, indem sie diesmal anders miteinander umgehen. Ein Beispiel dafür ist, dass Seelen sich als Geschwister verabreden, wo einer von beiden die Erfahrung einer Behinderung lebt. Die Schwester oder der Bruder an ihrer Seite unterstützt und begleitet sie durch diese Erfahrung. Das suchen die beiden zusammen so aus, da es für beide eine Lernaufgabe ist, an der sie gemeinsam wachsen. Es gibt noch viel mehr Varianten, aber das wirst du bald kennenlernen. Wichtig ist, dass dir auf der Erde wieder bewusst wird, dass all das, was geschieht, einen Sinn hat.“

Über andere Menschen & Verletzungen

Noch immer wollte Elayna so viel wie möglich wissen über ihre bevorstehende Zeit als Mensch. Darum fragte sie weiter: „Wie ist das mit den anderen Menschen, denen ich begegnen werde? Haben wir gemeinsame Aufgaben? Erkennen wir uns wieder?“

„Viele Menschen auf der Erde denken, sie erkennen den anderen an seinem Aussehen, an seiner Art zu sprechen, an seiner äußeren Erscheinung. Dabei vergessen sie, dass alle einen gemeinsamen Ursprung haben und es auf der Erde immer eine Wiederbegegnung ist. Du erkennst den anderen immer an seiner Frequenz. Wenn du wirklich in die Verbindung reinfühlst, wirst du wiedererkennen können, dass du die andere Seele schon ewig kennst. Aber es ist gut, dass du das erstmal nicht weißt, denn das ermöglicht dir die Erfahrung, andere Menschen „kennenzulernen“, sie in dein Leben einzuladen und manche auch wieder gehen zu lassen.

Nicht jeder Mensch passt zu jedem Zeitpunkt in dein Leben. Jeder hat einen anderen Auftrag, darum begleiten dich einige Seelen deine ganze Inkarnation, andere vielleicht nur für wenige Augenblicke. Die Seelen, die dich am meisten in deiner selbstgewählten Aufgabe unterstützen können, haben einen Platz in deinem Leben, an dem sie dir sehr nah sind. Sie werden zum Beispiel deine Eltern oder deine besten Freunde. Andere Seelen stellen sich zur Verfügung, damit du deine Themen lösen kannst. Auch diese Aufgabe wird häufig von Menschen übernommen, die dir sehr nah sind. Sie spiegeln dir deine Themen, damit du sie erkennst. Manchmal wird es dir so vorkommen, als würde dich jemand verletzen. Aber das ist nicht möglich, er triggert nur die Verletzung an, die in dir ist. Dadurch, dass sie dann an der Oberfläche ist, hast du die Chance, sie aufzulösen."

„Aber das ist doch leicht", wunderte Elayna sich. „Warum kommt es dann, dass manche Menschen ihre komplette Inkarnation nicht aus den Verletzungen rausgehen?"

Die weise Seele erklärte ihr geduldig: „Nicht alle Verletzungen sind aus dem Leben, in dem sich der Mensch gerade befindet. Jede Verletzung, die nicht geheilt wurde in dir, nimmst du mit in deine nächste Inkarnation und in die nächste. Solange, bis du ihr in dir den Raum gibst, zulassen kannst, sie zu fühlen und hindurchgehst. So heilst du die Verletzung in dir und kannst allen Beteiligten vergeben. Über die Vergebung werden wir noch ausführlicher sprechen. Erstmal ist es wesentlich zu erkennen, der Beginn jeder Verletzung, egal ob sie von dir ausgeht oder dir zugefügt wird, ist die Selbstverletzung. Selbstverletzung ist eine Verletzung, die sich gegen dich selbst richtet. Das kann auf allen drei Ebenen sein. Ein Beispiel ist unwürdiges oder nicht wertschätzendes Verhalten dir selbst gegenüber. Der Schritt aus der Verletzung heraus erscheint oft nicht einfach, doch du wirst dich leichter fühlen, wenn du sie in dir geheilt hast. Auf der Erde sind noch viele Menschen auf dem Bewusstseinsstand, dass sie aus unvollendeten Ideen handeln und verletzen, ohne den anderen zu fühlen. Sie dürfen noch einiges erkennen, was aber jeder früher oder später tun wird."

Allein das zu wissen, war ein großes Geschenk für Elayna. Sie wünschte sich sehr, andere Wesen auf dem Weg ihrer Erkenntnis zu unterstützen. „Wie erreiche ich denn am besten meinen Nächsten?"

„Du erreichst den anderen nur, wenn du denkfühlst und sein Bewusstsein aufnimmst. Aus seinem Bewusstsein heraus kannst du ihn erreichen und berühren. Du erreichst ihn nicht, wenn du von etwas sprichst, was er noch nicht verstehen kann. Also fühle dich in ihn hinein und spreche auf der Ebene mit ihm, wo er sich gerade befindet."

Nachdem Elayna das verinnerlicht hatte, fragte sie in einem Punkt nochmal genauer nach.

„Ich bin in vielen Inkarnationen in zwei Kreisläufen immer wieder hängengeblieben: Opfersein und Tätersein. Warum wählen Menschen immer wieder diesen Zustand?"

„Gute Frage", nickte die weise Seele ihr zu. „Zuerst einmal: Tätersein und Opfersein macht krank. Es erfordert Bewusstheit über dich und einige Schritte von dir, um aus diesen Spielchen des Egos auszusteigen. Doch jeder Schritt lohnt sich, da diese Zustände sehr viel deiner Energie an sich binden. Aber wie so vieles in der Dualität hat auch das zwei Seiten. Meist wird der Täter als „der Böse" dargestellt, und das arme Opfer hat vermeintlich keinen Anteil an dem Geschehen. Doch wie kann das sein? Ohne die Resonanz des Opfers in dir zu haben, ziehst du keinen Täter an. Wenn das Opfer in dir vollständig erlöst ist, machst du keinen Täter mehr."

„Ich mache Täter?", fragte Elayna verwundert nach.

„Wenn es kein Opfer gibt, braucht es keinen Täter. Aber durch das Aufrechterhalten des Opfers braucht es diesen polaren Gegenspieler, um dich in deiner Rolle zu bestätigen.

Es geschehen Taten auf der Erde Elayna, doch ich bitte dich, dir einen Punkt zu merken: Wenn der Täter geht, darf kein Opfer bleiben. Sonst kommt der nächste Täter. Wenn ein Täter geht, kommt nicht direkt die Befreiung, wie die Menschen das erwarten. Sondern es kommt erst die Verletzung hoch, die Taten, oft auch die Angst. Wenn du dann nicht rausgehst aus diesen Verletzungen, verletzt du andere. Dann wirst du selbst zum Täter. Siehst du, wie wichtig es ist, aus diesen beiden schädlichen Kreisläufen auszusteigen?

Da Elayna nickte und die Worte tief in sich verinnerlichte, kehrte die weise Seele zum eigentlichen Thema zurück.

„Es ist in Ordnung, wenn du in dir wahrnimmst, dass dich etwas verletzt. Das gehört zu deinem Entwicklungsprozess. Es gibt aber etwas, was du immer tun kannst: Sei dir und dem anderen gegenüber ehrlich und lasse das zu, was du fühlst. Verurteile und bewerte dich niemals dafür. Und dann sprich es dem anderen gegenüber aus und bleibe bei dir. Sprich darüber, wie du dich fühlst, und was es mit dir macht. Dann hat der andere eine größere Chance, dich in deiner Verletzung zu fühlen, die er in dir ausgelöst hat. Verbrauche deine Energie nicht dafür, dass du dir den Menschen anguckst, der die Verletzung in dir ausgelöst hat, sondern schaue dir die Auslösung an. Wenn du die Auslösung wirklich siehst, kannst du auch die Wirkung sehen, die sie auf dich und dein Leben hat. Wenn du dann noch die Ursache der Verletzung erkennst, kannst du sie transzendieren.

Was für dich wichtig ist: Fühl immer in dich hinein, was es mit dir macht. Inwieweit lässt du zu, dass der andere dich treffen darf. Auch wenn es schmerzhaft erscheint, dir die ganzen alten Dinge anzugucken, wirst du merken, dass es leichter wird, je mehr du erkennst und in dir löst."

„Manche Inkarnationen waren aber schon ganz schön schwer“, warf Elayna ein.

„Weil du sie für schwer genommen hast“, erwiderte die weise Seele. „Alle Schwere geschieht nur deshalb, weil du durch ungelöste Themen diese Schwere in dir hast. Verweile nicht ein Leben lang in der Schwere, sondern fliege immer in die Leichtigkeit.

Dann wird dir wieder bewusst, was für eine heilende Kraft die Vergebung hat. Und dass die Vergebung ein Weg ist, aus jeder Schwere auszusteigen. Lass uns doch das Thema der Vergebung noch etwas vertiefen.“

Vergebung

„Etwas, was ihr auf der Erde lernen und praktizieren dürft, Elayna, ist die Vergebung. Auf der Ebene, wo wir im Moment sind, bedarf es dessen nicht, da es niemanden gibt, der etwas tun würde, was einem anderen Wesen schadet. Auf der Erde habt ihr die Möglichkeit dazu, denn ihr könnt von eurer freien Wahl Gebrauch machen, auch gegen das Wohl eines anderen zu handeln und ihm womöglich zu schaden. Doch alles, was ihr damit aufbaut, ist eine Energie, die erhalten bleibt, bis sie wieder aufgelöst wird von euch. Die schönste Art, das wieder zu lösen, ist die gegenseitige Vergebung. Sie macht den Menschen frei von alten Belastungen und ist die Basis für Heilung. Und es geht nicht um eine Entschuldigung, was die Menschen oft für ausreichend empfinden, denn bei einer Entschuldigung geht es noch um Schuld. Vergebung geschieht auf einer anderen Ebene und löst das Verursachte tiefer und nachhaltiger. Vergebung ist ein Schlüsselprozess, der am Anfang von Befreiung, Heilung und Erkenntnis steht."

„Also ist Vergebung auf der Erde eine Handlung", fragte Elayna nach.

Die weise Seele nickte. „Ja, der Mensch entscheidet in dieser Handlung, nicht länger an etwas hängen zu bleiben. Es ist die Befreiung von Anhaftungen an Themen und Personen. So findet der Mensch wieder zu seiner ursprünglichen Kraft aus dem Urvertrauen und erlangt auch so das Vertrauen zu allen anderen wieder. Wenn Vergebung im Menschen existiert, existieren andere Dinge nicht wie Schuld, Hass, Verschiebung, Streit und so viel mehr. Solange diese noch existieren, dürfen sie zunächst angeschaut werden. Denn wer nicht vergibt, kämpft in sich selbst. Wenn du in Vergebung bist, baust du in deinem Leben nicht mehr das Feld auf, wo all diese menschlichen Themen existieren und deiner Vergebung bedürfen.“

„Hat jeder die Fähigkeit zu vergeben?“, fragte Elayna genauer nach.

„Erinnerst du dich daran, als ich dir erzählt habe, dass alle Wesen auf dem Weg ihrer Vollendung sind? Sich zu vollenden heißt, alles negative Karma aufzulösen, was sich jedes Wesen im Laufe seiner Inkarnationen angesammelt hat. Dazu bedarf es der Vergebungsarbeit. Deswegen hat jeder die Fähigkeit und die Möglichkeit dazu. Es ist eine Chance, innerlich daran zu wachsen und dem Ganzen zu dienen. Immer wenn ein Mensch liebt, hat er vorher vergeben. Vergebung ist ein wundervolles Geschenk, das ihr auf der Erde erfahren dürft.“

„Du hast gerade gesagt, die gegenseitige Vergebung. Aber was ist, wenn der andere nicht will?“

Das kannte die weise Seele gut aus ihren Inkarnationen auf der Erde. Darum erklärte sie behutsam: „Gib jedem drei Chancen. Damit schenkst du ihm auch jedes Mal eine Möglichkeit zu seiner eigenen Entwicklung. Wenn derjenige dann immer noch nicht bereit ist, kannst du ihn loslassen und deinen Anteil der Vergebungsarbeit machen. Es kann gar nicht anders sein, Elayna, denn sonst hieße es ja, dass deine Vollendung von der Bereitschaft eines anderen abhängig ist. Das ist nicht haltbar, denn darin bist du nicht frei. Wenn der andere bereit ist, sich seinen Teil anzuschauen, ist die erste Aufgabe immer die Aussprache. Denn das bedeutet, dass du die Dinge nicht länger in dir ansammelst, sondern sie aus dir rausgibst. Dann könnt ihr gemeinsam schauen, wie ihr löst, was noch zwischen euch steht. Vergebung ist immer ohne Erwartungshaltung. Vergebe einfach so, nicht weil du Recht hast oder der Andere Unrecht, sondern aus deiner Einsicht heraus. Vergebe immer alles, nicht nur Teile. Schau dir das Ganze an und vergebe aus dem Ganzen heraus. Du kannst auch dann noch vergeben, wenn der andere schon aufgestiegen ist, also sich nicht mehr in einem Körper auf der Erde befindet. Dann gehst du in Verbindung mit seinem Wesen und vergibst ihm geistig."

„Ich hatte die letzten Inkarnationen, in denen ich angefangen habe zu vergeben, das Gefühl, dass es leichter ist, den anderen zu vergeben als mir selbst. Warum war das so?", wollte sie nun wissen.

„Oft, wenn dich etwas bei dem anderen verletzt, ist es etwas, was in dir ist. Der andere stellt sich zur Verfügung, es dir zu spiegeln. Wenn jemand dir zum Beispiel das Gefühl gibt, nicht wertvoll zu sein, nicht stark genug zu sein oder nicht schön zu sein, ist das oftmals ein Thema, was du in dir hast. Dann strahlst du es aus und dein Gegenüber nimmt es auf und spiegelt es dir. Er lässt dich durch sein Verhalten oder seine Worte genau das fühlen, was lange schon in dir ist. Wenn du jetzt beginnst zu vergeben, spürst du an irgendeinem Punkt, dass es gar nicht unbedingt das Bild ist, was der andere von dir hat, sondern das, was du von dir selbst hast. Du kannst ihm also dankbar sein, dass er dir dieses Bild oder Gefühl aufgezeigt hat, und dich dir selbst zuwenden. Dann schau, wo ist der Ursprung dieses Gedankens oder Gefühls in dir. Was hat dich dazu gebracht, dieses Bild, was meistens nicht wahr ist, über dich selbst anzunehmen. Wenn du das erkannt hast, dann kannst du mit dir selbst in Vergebung gehen, und dann wirst du merken, dass es gar nicht so schwer ist."

„Was ist, wenn ich nicht vergebe?"

„Dann nimmst du dir selbst die Möglichkeit, frei zu werden von alten Belastungen und Vorstellungen. Dinge, die dich behindern und verhindern. Wenn du nicht vergibst, bist du nicht im gegenwärtigen Moment. So verhinderst du dich selbst, gegenwärtig zu sein, nicht denjenigen, dem du nicht vergibst. Es geht an dieser Stelle um dich. Es ist wunderbar, wenn du den anderen aus dem Thema rauslassen kannst. Doch vor allem dir selbst eröffnest du dadurch ganz neue Möglichkeiten, da du nicht einen Teil deiner Energie dauerhaft an ein Thema bindest."

„Und wenn ich vergeben habe? Ist dann direkt alles wieder gut?", fragte Elayna nach. Sie wollte auf der Erde dieses Mal alles auflösen, und sie wusste, dass dafür Vergebung essenziel war.

„Vergebung geschieht auf drei Ebenen: Vergebe dir selbst, dadurch wird deine innere Wahrnehmung auf das Geschehene klarer und deine innere Welt heilt. Deine eigene Vergebung, also die Selbstvergebung, ist ein großer Schritt in deiner Entwicklung im Dualen und befähigt dich zur Selbstliebe, Selbsterkenntnis und zu innerem Frieden. Dann vergebe den anderen. So geht auch deine äußere Welt in Heilung und du dehnst diese liebevolle Einstellung auf deine Mitmenschen aus. Die Vergebung der anderen ist die Grundlage für ein friedvolles Zusammenleben. Und dann geht es noch darum, in Vergebung zu bleiben und deine Verantwortung anzuerkennen. Diese universelle Vergebung beschreibt einen Seinszustand, der ewig erhalten bleibt und in welchem du in Vergebung lebst. In Vergebung Sein ist die höchste Ebene der Vergebung. So trägst du mit jeder Handlung zur Heilung des Ganzen bei.

Am Anfang werden noch Aspekte und Nuancen des Themas in dir sein, aber dadurch, dass es dir bewusst ist, erkennst du es und handelst anders. Das ist der wesentliche Punkt, dass du beginnst, anders zu handeln und in der Vergebung allem gegenüber zu bleiben. Und wenn du vergeben hast, dann segne. Segne den Menschen."

Die weise Seele schaute Elayna direkt an. „Lehre den Menschen die Vergebung durch dein Vorleben, Vorlieben und Vorleuchten."

Elayna hatte noch eine letzte Frage: „Wie ist das mit der Vergebung im Absoluten? Also auf den Ebenen, wo wir nicht an das Menschsein gebunden sind?"

Die weise Seele lächelte. „Dort bedarf es keiner Vergebung, denn niemand wird an seinen Entwicklungen gehindert. Auf dieser Ebene wird nichts erschaffen, was es zu vergeben gibt. Wenn alles gegeben ist, gibt es nichts zu vergeben. Vergebung transzendiert zu Gebung, zum totalen Geben. Alles, was du hast und alles, was du bist, gibst du allen anderen. Um wieder dorthin zurückzukommen, braucht es erst deine Vergebungsschritte auf der Erde. Denn Vergebung ist dein Tor zur Selbsterkenntnis."

Wege zur Selbsterkenntnis

„Wie viele Wege zur Erkenntnis gibt es?“, wollte Elayna nun wissen.

„So viele Wege, wie es Menschen gibt“, kam sofort die Antwort von der weisen Seele.

„Aber was ist mit den ganzen Religionen, Kulturen, Organisationen und so weiter, die den Menschen versuchen aufzuzeigen, wie der Weg ist?“, fragte sie nach.

„Alles gut. Sie alle können als Unterstützung dienen, um deinen Weg zu finden. Wesentlich ist, dass du dir nicht etwas von außen überstülpen lässt, sondern immer gut in dir prüfst, ob das auch deine Wahrheit ist. Suche dir aus allem immer das raus, was dich weiterbringt auf deinem Weg. Und auch wenn du andere auf ihrem Weg begleitest, versuche nicht, ihnen vorzuschreiben, was sie tun sollen. Ihr Weg ist nicht der gleiche wie deiner. Was du aber immer machen kannst, ist, sie teilhaben zu lassen an dem, was dir geholfen hat, deinen Weg zu gehen. Frage sie, ob du ihnen von dir erzählen darfst, und berühre sie mit deinem Erleben, Erfahren und Erkennen. Sei Wegbegleiter, nicht Wegweiser.“

Elayna verstand sofort, denn auch sie war schon in anderen Inkarnationen missionarisch unterwegs gewesen und wollte andere Menschen zu etwas bringen, was ihnen nicht entsprach.

„Also geht es diesmal nicht um eine "Mission, sondern um die Vision, richtig?“, vergewisserte sie sich.

„Wie kann es anders sein? Was aber für alle gilt, ist, dass der Weg über Befreiung, Heilung und Selbsterkenntnis geht. Du kannst erst heilen, wenn du in dir befreit bist. Du kannst erst in die Selbsterkenntnis kommen, wenn du die Verletzungen, Wunden und alte Themen in dir geheilt hast. Dann offenbart sich dir die ALL-Erkenntnis. Sobald du den Weg selbst gegangen bist, kannst du andere auf ihrem einzigartigen Weg unterstützen."

„Warum ist Selbsterkenntnis für den Menschen so wichtig? Was verändert sich dadurch?"

Die weise Seele erklärte geduldig: „In deinem Leben als Mensch bist du oft mit Dingen um dich herum beschäftigt. Selbsterkenntnis ist die Reise zu dir selbst. Es ist der wichtigste Prozess im menschlichen Leben. Sie hat den Sinn, dass du dich auf der Erde erkennst, sonst wärst du nicht da. Selbsterkenntnis ist die Erfahrung deiner einzigartigen Frequenz und der Zugang zu deinem Wesen.

Selbsterkenntnis beginnt mit deiner Bereitschaft und Öffnung, dich von allem zu befreien, was dich beschränkt und unfrei macht. Lasse dich nicht mehr ausschließlich von deinem Verstand steuern, sondern lasse deine Herzensebene und dein Fühlen zu. Es geht um die Verbindung von Verstand und Gefühl. Dann geht es um ein Einlassen auf die Wesentlichkeit, auf das, was wirklich ist. All das ist das Tor zu einem Neubeginn. Es öffnen sich neue Felder, du wirst andere Ebenen wahrnehmen können und gelangst in eine höhere Schwingung."

Sie ließ Elayna einige Momente, das Gesagte zu verinnerlichen, dann fuhr die weise Seele fort.

„Auf dem Weg der Selbsterkenntnis wird dir nach und nach deine Schöpferkraft bewusst und du spürst deine Verbundenheit mit allem. Ab dem Moment kannst du keinem mehr schaden, du tust nichts mehr, was ein anderes Wesen behindert in seiner Entwicklung. Und das nicht nur auf der Ebene deiner Handlungen, sondern auch in deinen Gedanken und Gefühlen. Denn jeder Gedanke von dir ist wie ein geschriebener und abgeschickter Brief."

„Warum schade ich vorher Menschen? Und kann dann keinem mehr schaden?"

„Aus Unbewusstheit, und weil du dich nicht mehr erinnerst, dass alles eins ist. Manchmal hast du auch aus alten Inkarnationen Dinge mitgebracht, die nicht gelöst sind. Dann gibt es noch Themen zwischen euch wie Macht, Eifersucht, Neid, Wut und vieles mehr. Doch sobald du diese Themen bei dir und mit den anderen gelöst hast, erkennst du wieder: Der Nächste ist dein nächstes Ich. Wenn du ihm schadest, schadest du auch dir, da alles miteinander verbunden ist. Wenn dir das wieder bewusst ist, entwickelst du auf der globalen Ebene wieder Mitgefühl allen Lebewesen gegenüber."

Die weise Seele schaute Elayna an, um zu schauen, ob sie noch folgen konnte. Dann fuhr sie fort: „Es ist deine Aufgabe auf der Erde, die Trennungserfahrung zur reinen Erinnerung zu transzendieren. Alles an Schmerz, Trauer, Verlust und Verletzung darfst du heilen und auflösen, bis es eine klare und reine Erinnerung an das ist, was war. Dafür wird es Seelen geben, die dich in diesen Schritten unterstützen. Nimm diese Unterstützung an. Dann bist du zum ersten Mal in der Lage, die Welt so wahrzunehmen, wie sie ist. Du lernst klar zu unterscheiden zwischen Essenz und Ego und spürst dich selbst. Und was ganz wichtig ist in der Selbsterkenntnis: Du liebst dich selbst. Das ermöglicht deinen unbeschränkten Selbstausdruck."

Wieder stoppte die weise Seele, doch als Elayna ihr zunickte, fuhr sie mit ihrer Erzählung zur Selbsterkenntnis der Menschen fort:

„Um dich zu erkennen, musst du dich erforschen. Hebe alle Begrenzungen und Beschränkungen auf, um dich frei entfalten zu können. Verlasse den Kreislauf deiner individuellen Themen, indem du sie vollständig transzendierst, und öffne dich für das, was hinter deinem selbst gesetzten Rahmen ist.

Höre auf deine Seele. Lerne, deinen Geist zu verstehen. Fühle dich in deinem Körper wohl und geborgen. Du wirst erkennen, dass dein Geist so immer mehr zur Ruhe und Gelassenheit kommt. Und deine Seele in ihrem reinen Ausdruck des Friedens, der Harmonie und Seelenverbundenheit ist.

Dann bist du verbunden, vollständig und ganz, und so in Einheit mit allem, was existiert."

Lange war es still bei den beiden Seelen, und sie fühlten gemeinsam über das Gesagte nach. Selbsterkenntnis war so ein wesentliches Thema, was alle Menschen auf der Erde betraf. Umso mehr freute es die weise Seele, wie viele Menschen sich dafür öffneten, und dass auch in Elayna die Saat dazu gesetzt war, sich in ihrer nächsten Inkarnation daran zu erinnern. Elayna nahm wahr, was in der weisen Seele vorging, und sie schaute sie dankbar an.

„Kannst du mir noch mehr zu Befreiung, Heilung und Erkenntnis als Mensch sagen?", fragte sie dann.

„Natürlich, denn genau das ist der Weg zur Selbsterkenntnis. Befreiung bedeutet, bewusst dich von allem zu lösen, was dich unfrei macht und verhindert. Befreie dich von allen Unwahrheiten, Unwirklichem und deiner Selbsttäuschung, die du als Mensch annimmst. Lasse alle deine selbst angenommenen Identitäten und Identifikationen los, die dich auf Rollen, Ansichten und Vorstellungen festlegen. Dann beginnt der Schritt der Heilung, der für jeden anders aussieht. Das bisher aus deiner Unbewusstheit Manifestierte darf transformiert werden, sodass es nicht länger das Wirkliche blockiert. Wenn du all das in dir geheilt hast, kommst du in deine Selbsterkenntnis. Selbsterkenntnis ist der wichtigste Schritt und deine Aufgabe in der Dualität. Oder anders ausgedrückt: Wenn du dich in der körperlichen Form erkannt hast, erinnerst du dich wieder, dass du ein geistiges Wesen bist."

„Haben manche Menschen es schwerer zur Selbsterkenntnis? Warum bringen wir so unterschiedliche Aufgaben und Themen mit?"

Die weise Seele schaute sie liebevoll an und erklärte: „Alles, was du mitbringst, ist die beste Möglichkeit zu deiner Selbsterkenntnis. Lass alle Bewertung von schwer oder einfach los. Wenn du als Mensch einem anderen Menschen begegnest, weißt du nicht, wie viele Inkarnationen er schon auf dem Weg zu seiner Selbsterkenntnis hatte. Wenn du vergleichst oder bewertest, machst du das aus der Perspektive, die du in dem Moment hast. Das entspricht aber nur deiner Realität und nicht der Wirklichkeit. Also geh du deinen Weg und sei ein Geschenk für jeden, der ein Teil deines Weges mit dir geht. Und nehme das Geschenk an, was jede Person dir mitbringt, wenn sie in dein Leben kommt."

Über das Ego

„Was ich aber nicht verstehe", fing Elayna an, „warum gehen Menschen so viele Umwege, bis sie wieder zu ihrem ursprünglichen Selbst gelangen?"

„Um sich wirklich in der dualen Existenz zu erfahren, hat der Mensch das Ego erschaffen. Es ist der Schattenausdehner im Menschen, der ihn, solange er unbewusst ist, auf Umwegen festhält. Das Ego lässt den Menschen Handlungen ausführen, die ihm und anderen die Erkenntnis deutlich erschweren und ihn ablenken vom Wesentlichen. Es fixiert den Menschen auf die Formaspekte und ist an einer Lösung von Blockaden und Themen nicht interessiert. Das Ego ist der innere Gegenspieler zum wahren Selbst und vermittelt einen höchst lebendigen Eindruck, obwohl seine Anwesenheit im Menschen höchstens bis zum Ende seiner aktuellen Inkarnation reicht."

Elayna fragte verwirrt: „Denke ich dann, ich bin das Ego?"

Die weise Seele schmunzelte. „Nein, aber dir ist am Anfang nicht bewusst, dass es das Ego überhaupt in dir gibt. Du identifizierst dich mit diesem Aspekt in dir und nimmst ihn für wahr an. Je bewusster du wirst, desto mehr erkennst du, dass du in jedem Moment zwischen deinem Ego, dem Schattenausdehner, und deinem Selbst, dem Lichtausdehner, entscheiden kannst."

„Macht es denn Sinn, das Ego zu bekämpfen?", wollte Elayna wissen.

„Du kannst es nicht bekämpfen, da es in der Form ein Teil von dir ist. Deine Aufgabe ist es, dein Ego zu erkennen und zu integrieren. Nimm es in Liebe an, aber fühle immer in dich hinein: Handle ich gerade aus mir heraus oder aus meinem Ego. Je weiter du in deiner Entwicklung bist, desto schneller erkennst du dein Ego. Das Ego ist deine eigene Kreation, die du dann beginnen kannst zu transzendieren, wenn du akzeptierst, dass all dein Schaffen aus dieser Motivation heraus nichts Beständiges hervorbringen kann."

Das verstand Elayna und sie wollte tiefer eintauchen. „Woher bekommt das Ego seine Energie?", fragte sie.

Die weise Seele erklärte ihr: „Von dir. Du wirst merken, je mehr du dein Ego erkennst, desto weniger Energie gibst du ihm unbewusst, und umso mehr Energie hast du für andere Dinge zur Verfügung. Manchmal schöpft das Ego sogar Energie von anderen Individuen ab, das nennt man dann „Energievampirismus". Es liegt aber an dir, ob du dir deine Energie absaugen lässt von einem anderen Menschen, der in seinem Egoausdruck unterwegs ist. Du bist für dich verantwortlich und dafür, dass es dir auf allen drei Ebenen gut geht."

Elayna war schlau und fragte: „Kannst du mir einen Trick nennen, damit ich nicht über einen langen Zeitraum im Egoausdruck herumlaufe?".

„Der Schlüssel ist dein Herz und das Fühlen. Fühlen ist immer echt und wahr. Dein Herz kann dir immer die reine Antwort geben. Außerdem findet das Ego immer in der Zeit statt, entweder in der Vergangenheit oder in Form von Illusionen in der Zukunft. Bist du wirklich präsent und gegenwärtig, kann dein Ego dir nichts vormachen. Das Ego lenkt dich in Emotionen. Emotionen sind gedachte Gefühle, die aus unklaren Gedanken entstehen. Sie täuschen dir etwas vor und sind Zerrbilder des ursprünglichen Fühlens. Wenn du in Emotionen bist, kannst du nicht mehr rein wahrnehmen, was wirklich ist. Emotionen unterscheiden sich von Gefühlen durch ihre Heftigkeit und ihr Potenzial, anderen zu schaden. Mit der Zeit wirst du den Unterschied kennenlernen zwischen Emotionen, Gefühlen und Fühlen. Du wirst dich ein Stück weit von deinem Fühlen abtrennen, um noch einmal das Menschsein in seiner ganzen Breite zu erleben. Doch wenn du wieder zu dir zurückkommst, dich besinnst auf das, was du wirklich bist, wirst du seelisch in eine andere Tiefe kommen und in eine neue, geistige Weite."

Elayna hatte verstanden, dass der Weg, mit dem Ego umzugehen, seine Integration war und damit die Verantwortungsübernahme für alles Geschehen. Also schaute sie zur weisen Seele und bat sie, ihr noch mehr über die Egotransformation und -auflösung zu erzählen.

Das tat die weise Seele natürlich gerne. „Erkenne die Freiheit und nutze sie wieder zu deiner Befreiung und zur Befreiung aller anderen. Entwickle den Frieden in dir und allen Beziehungen. Lebe wahrhaftig und spreche die Wahrheit aus. Sei liebevoll mit dir und allem. Verwirkliche dein Sehnen und sei eins mit allem, was existiert."

Nach einer Weile fuhr die weise Seele fort. „Sei in Gelassenheit, besinne dich. Entwickle die Weisheit, Dinge sein zu lassen, die dich in deiner Entwicklung behindern. Bringe aber auch die Kraft und den Mut auf, Dinge zu verändern, die du verändern kannst, immer zum höchsten Wohle aller. Übernimm Verantwortung, das ist die Grundlage der Wahlfreiheit und Selbstbestimmung. Das Leben ist ein Geschenk, das dir gegeben wird, um wieder deine eigene Größe zu entdecken und die Verbundenheit mit allem zu fühlen. Und sei immer dankbar für die

Wunder, die dir begegnen. Wenn du in Dankbarkeit bist, hat das Ego keine Chance. Baue wieder Vertrauen auf in dich selbst, in andere Menschen und in das Leben.

Und als letztes: Für dich, aber auch für alle anderen Menschen auf der Erde, geht es wieder darum, Liebe und Mitgefühl allen Wesen gegenüber zu entwickeln."

Krankheiten & Symptome

„Schau dich mal um, Elayna. Siehst du irgendwo ein Wesen, was nicht heil und im Heilsein ist?“

„Nein, warum auch?“, gab sie direkt zurück.

„Das wird sich ändern, wenn du auf der Erde bist. Dort gibt es etwas, was die Menschen erschaffen haben, wovon sie jedoch die Bedeutung vergessen haben: Symptome, Defizite, Schmerzen, Krankheiten, Behinderungen, Mangel, Leid und einiges mehr. Jeder Körper ist so erschaffen von dem Wesen, das ihn für die Dauer des Lebens angenommen hat, dass er vital und gesund sein kann. Alle Funktionen des Körpers können in Ordnung, Harmonie und Rhythmus miteinander ablaufen.“

Elayna erkannte, worauf die weise Seele hinauswollte. „Du sagst können“, fing sie an. „Das heißt nicht immer, dass sie es auch sind. Aber es liegt an mir, welche Erfahrung ich mir erschaffe, richtig?“ Sie wusste die Antwort bereits, darum fuhr sie fort. „In einer Inkarnation bin ich schon mit Krankheiten auf die Welt gekommen. In anderen kam das im Laufe des Lebens. Ich dachte immer, das wäre angeboren, und ich könnte nicht Heil werden, sondern nur, so gut es geht, die Schmerzen im Griff haben. Ich habe irgendwann die Krankheit als ein Teil von mir gesehen.“

„Wenn der Kranke erkennt, ich bin nicht der Kranke, sondern ich habe eine Krankheit, hat die Krankheit keine Macht mehr. Dann kann Heilung geschehen in dir. Heilung bedeutet ursprünglich nichts anderes als Ganzwerdung. Es bedeutet, alle Teile in dir wieder zu integrieren. Zustände des Krankseins gelten nur so lange als unheilbar, bis die Ursache vollständig klar wird. Merk dir das, Elayna."

„Also ist es okay, krank zu werden?", vergewisserte sie sich.

Die weise Seele beruhigte sie. „Es gibt nichts, was nicht okay ist. Krankwerden und Heilwerden sind die Erfahrungen, die der Mensch auf seinem Weg machen kann. Oft spiegelt das seine individuelle Auseinandersetzung mit der freien Wahl wider. Denn dank ihrer verfügt er über die Möglichkeit, seinen Energiefluss bewusst zu steuern und damit den Verlauf von Erkrankung und Heilung zu beeinflussen. Der Mensch kann also seine Energie in die Krankheit geben und sie so aufrechterhalten. Er hat aber auch die Wahl, seinen Heilungsverlauf zu energetisieren."

„Hat Krankheit denn ein Ziel?"

„Ein Ziel kann sein, Heilung zu erfahren. Die Erfahrung des Heilens erweitert den Menschen und bringt ihn in seine Ursprünglichkeit zurück. Es geht um dein eigenes Erleben, Erfahren und Erkennen. Bekämpfe nicht die Ursache, sondern erkenne und transzendiere das Thema, welches dir die Krankheit aufzeigt."

„Also ist der Mensch selbst Auslöser und Auflöser des Krankheits- und Heilgeschehens in sich", stellte Elayna fest, die aufmerksam zugehört hatte. „Kann ich sagen, jede Krankheit wird vom Menschen erschaffen?"

„Das kannst du sagen, ja. Wenn du aber auf der Erde bist, werden die Menschen mit solchen Sätzen erstmal nicht so viel anfangen können. Das Bewusstsein dafür kommt erst nach und nach. Aber es stimmt, Erkrankung und Heilung liegen in der Verantwortung des Menschen. Beides ist das Ergebnis dessen, was der Mensch durch seine Resonanz in sein Leben zieht. Viele Menschen denken, sie wurden von „außen" infiziert, haben sich angesteckt und so weiter. Das ist auch grundsätzlich nicht verkehrt, du kannst dich immer irgendwo angesteckt haben. Aber du bekommst eine Krankheit nur, wenn du sie mit deiner Energie anziehst und dann annimmst. Wenn es in dir noch eine Resonanz dafür gibt. Ist zum Beispiel gerade eine Zeit, in der viele Menschen eine Erkältung haben und du dir immer denkst: „Ich darf jetzt nicht krank werden", ist dein Fokus so sehr auf der Ebene des Krankwerdens, dass du genau das anziehst, was du eigentlich vermeiden wolltest. Auch wenn du dir Sorgen machst, dass etwas in dein Leben eintreten könnte, was dir gerade nicht passt, ziehst du das wie einen Magneten an. Schaue also, dass du bei dir bleibst und nicht in eine Angstenergie reingehst.

Krankheiten sind reichlich da. Die Frage ist, welche Erfahrungen möchtest du auf dieser Ebene machen. Du hast immer die Möglichkeit, dein Bewusstsein so weit anzuheben, dass du inmitten von vielen Krankheiten sein kannst, ohne dass du die Krankheit zu deiner machst."

Elayna ließ das eine Weile auf sich wirken und ihr wurde bewusst, dass sie in all den vergangenen Inkarnationen ein ganz anderes Bild von Krankheit hatte. Dann schaute sie zur weisen Seele und bat sie, mit ihren Erläuterungen fortzufahren.

„Erkrankungen werden, bevor sie sich im Körper manifestieren, im Energiefeld verursacht. Mit anderen Worten, jede körperlich manifestierte Krankheit hat ihre Ursache auf geistiger oder seelischer Ebene. Denn alles, was sich in der Form zeigt, existiert vorher als Energie und als Information.

Eine Erkrankung zeigt sich immer zuerst am schwächsten Organ. Die Erkrankungen selbst werden durch Zustände der Dysbalance ausgelöst. Es existieren drei Arten der Dysbalance: Mangel, Überschuss und Zerfall. Ein Mangel zeigt an, dass der natürliche Füllezustand verlassen ist. Wenn der Mensch den Mangel wahrnimmt, schiebt er es oft auf äußere Umstände, anstatt nach der inneren Ursache zu forschen. Wird der Mangel nicht behoben, führt das häufig zu einer Überkompensation in bestimmten Bereichen, also einem Zuviel an Energiefluss. Dieser Zustand ist sehr kräftezehrend und kann nicht lange aufrechterhalten werden. Er führt zu Zersetzungs- und Zerstörungsprozessen im Körper, was im Allgemeinen nicht mehr umkehrbar ist."

„Oh oh", Elayna schaute etwas betrübt. „Aber zum Glück bemerken wir eine Krankheit meistens schon viel früher."

„Ja, du kannst sie schon dann bemerken, wenn es dem Menschen an Lebensenergie fehlt oder diese fehlgeleitet wird. Anstatt der Fülle kommt dann ein Mangel zum Ausdruck, der den Menschen schwächt und seine Möglichkeit, selbstbestimmt zu handeln, einschränkt.

Auch können sich die Seele oder der Geist über Körperprozesse mitteilen, wenn eine direkte Kommunikation auf ihrer Ebene vom Menschen blockiert wird. Dann wechselt das Geschehen auf die Körperebene, hier kann der Mensch es meist nicht länger unbeachtet lassen.

Merk dir also: Krankheiten sind Manifestationen mit einer Signalwirkung auf den menschlichen Geist mit dem Ziel, ihn auf bestimmte Mängel aufmerksam zu machen und ihn zu erweitern."

Elayna bedankte sich. Nach einer Weile kam ihr aber noch eine Frage: „Wir können aber auch schon mit einer Krankheit geboren werden?"

„Das kann gut sein. Grundsätzlich können Dispositionen, also Veranlagung oder Empfänglichkeit für bestimmte Krankheiten, aus drei Quellen kommen: Sie sind entweder angeboren, von außen auferlegt oder selbst angenommen. Wenn es Teil deines Seelenauftrages ist, Belastungen aus früheren Lebenszyklen zu erlösen, dann kannst du auch schon mit Belastungen und beschränkten Sichtweisen auf die Welt kommen. Dann resultiert aus früheren Verursachungen eine angeborene Disposition, in bestimmter Weise zu erkranken.

Dann geht es darum, die Symbolsprache deines Körpers zu erkennen, um nicht ins Leiden zu fallen, denn diese Reaktion beschränkt und verstärkt das Krankheitsgeschehen noch mehr. Erkenne, du hast etwas mitgebracht, was es jetzt wieder aufzulösen gilt. Und dann bleibe mit deinem Fokus bei deiner Ausrichtung auf deine Lebensaufgabe. So überlagert eine höhere Sinnerfüllung das beschränkende Feld, weil eine höhere Energie eine niedrigere immer anhebt. Somit erkrankst du seltener."

„Was hat denn die Lebensaufgabe mit dem Krankwerden zu tun?"

Die weise Seele nickte ihr zu. „Gute Frage. Du hast immer die Energie zur Verfügung, die du für deine selbstgewählte Aufgabe brauchst. Die Lebensaufgabe nicht zu erfüllen bringt deinen Energiefluss ins Stocken. Milliarden von Zellen reagieren dann auf den verminderten Energiefluss mit Blockaden und senden damit klare Signale an dein Bewusstsein aus, dass es etwas ändern sollte, um den natürlichen Energiefluss wieder herzustellen.

Auch eine dauerhafte Haltung der Ignoranz hinsichtlich der eigenen Lebensaufgabe führt oft zur Ausbildung bestimmter Krankheitsbilder, die symbolhaft einen Mangelzustand wiedergeben. Die Symptome zeigen nicht gelöste Themen auf, sind Hinweisgeber für Energiemangelzustände und deuten auf Defizite an Bewusstheit hin. Darum ist es wichtig, sie zu deuten."

Nach einigen Augenblicken fuhr die weise Seele fort. „Die Menschen auf der Erde haben angefangen, Substanzen zu entwickeln, wie Mittel gegen Schmerzen. Es kann hilfreich sein, denn es geht nie darum, irgendetwas aushalten zu müssen. Doch solche Mittel unterdrücken die Symptome, was es für den Menschen viel schwieriger macht, sie zu deuten. So kann er ihre Botschaft nicht erkennen und, anstatt zu heilen, verschiebt er seine zu erkennende Aufgabe zeitlich nach hinten."

„Dann erfüllt der Mensch also nicht seine Aufgabe", bemerkte Elayna versunken.

„Nein, da es die Aufgabe und Verantwortung des Menschen ist, dafür zu sorgen, dass in ihm Krankheiten gar nicht erst entstehen. Erinnere dich, warum wir über die Aura gesprochen haben. Die Aura jeden Tag zu reinigen ist so wichtig, um in deiner Energie zu bleiben. Genauso ist es mit Meditation, denn es wird dir helfen, dich wieder bewusst mit deinem Ursprung zu verbinden."

Elayna verband sich während dieser Sätze mit dem Menschsein, um aus dieser dualen Perspektive die wertvollen Informationen nachvollziehen zu können. Sie blickte die weise Seele an und fragte nach: „Kannst du mir ein paar praktische Tipps geben?“

„Kümmere dich als Mensch immer gut um dich selbst. Nicht erst dann, wenn du schon krank bist. Achte auf eine gesunde und ausgewogene Ernährung. Dein Körper ist ursprünglich nicht dafür gedacht, Alkohol zu verarbeiten, Fleisch und zu viele ungesunde Fette und Zucker zu verdauen, ganz zu schweigen von Rauchen und Drogen. Also halte dich von schädlichen Einflüssen fern. Das gilt auch für seelische und geistige Noxen wie der Negativität von anderen Menschen oder Manipulationen aus deinem Umfeld. Und es geht nicht um ein Verbot, denn wenn du dir etwas verbietest, ist immer die Idee da, von deiner freien Wahl Gebrauch zu machen und genau das doch zu tun. Verbot ist Zwang, eine Antriebsmotivation, die nicht deinem Wesen entspricht. Durch Verbot können Verhaltensmuster entstehen, da der Mensch nicht mittels eigener Erfahrung seine Erkenntnisse in seine lebendige Existenz integrieren kann. Woher willst du wissen, ob etwas gut für dich ist oder nicht, wenn du es nie probiert hast? Fordere deinen Körper, halte ihn fit und gesund über Bewegung. Sei viel an der frischen Luft. Stärke dein Immunsystem, es hat einen wesentlichen Anteil an deiner Gesundheit. Sei in Verbindung mit dir, um zu spüren, was dein Körper braucht und womit du ihm schadest. Ein Körper kann sehr viel länger halten, doch es liegt an den Menschen, mit welcher Information, mit welchem Bewusstsein und mit welcher Energie sie ihn beleben.

Jede Sekunde sterben Milliarden Zellen, aber es werden auch Milliarden Zellen neu geboren. Welche Information gibst du ihnen?“

„Ich wünsche mir, dass ich mir das merken kann.“ Elayna war immer noch sehr berührt davon, was für ein anderes Bild sie plötzlich von Krankheit und Heilung hatte. Zum ersten Mal war ihr vollständig klar, dass es auf der menschlichen Ebene um ganzheitliche und nachhaltige Heilung geht, nicht um Beschwerdefreiheit. Und um die volle Verantwortungs-übernahme für das eigene Befinden und somit die Freiheit aller inneren Blockaden.

Die weise Seele vollendete ihre Erkenntnis. „Der Mensch ist erst dann im Heil angekommen, wenn seine Anfälligkeit, in die Schwere des Leidens zurückzufallen, vollständig und ganz überwunden ist. Nur so kann er nach dem Heilwerden im Heilsein verbleiben. Und genau das ist immer die Botschaft aus tiefster Seele: Heile dich selbst.“

Mangel & Leid

„Da ist noch etwas, Elayna, worüber ich mit dir sprechen möchte. Wie du bereits mitbekommen hast, verhalten sich die Menschen auf der Erde anders, als es eigentlich ihrem Wesen entspricht. Ein Punkt ist, dass du als Mensch lernst, überzeugt zu sein von deiner Sterblichkeit. Die meisten Menschen nehmen sich getrennt von anderen Menschen als ein Körperwesen wahr, das auf eine endliche Existenz reduziert ist. Der Mensch nimmt irrtümlicherweise an, dass die Materie das sicherste Zeichen von Existenz ist. Das ist einer der Gründe, warum er Ideen entwickelt hat, die nicht zum Wohle aller sind, sondern anderen Wesen Schaden zufügen. Zwei der Dinge, die daraus entstanden sind, möchte ich gerne mit dir besprechen: Mangel und Leid."

„Ähm, okay." Elayna wunderte sich etwas über den schnellen Wechsel des Themas, doch sie begann, sich in das neue Thema einzufühlen. Es fühlte sich befremdlich an, weil der Zustand an sich nicht echt war, aber sie wusste auch, dass sie sich in vergangenen Leben oft dadurch aufgehalten hatte. Also begann sie, Fragen zu stellen, um sich auf der Erde wieder schneller darüber bewusst zu werden, dass dies kein natürlicher Zustand ist.

„Gut, Mangel zuerst. Das kommt sicher auch aus dem Ego, oder?"

„Genau. Der Mangel ist eines der bevorzugten Ausdrucksmittel des Egos. Laut dem Ego ist es ein Defizit und bedeutet ein Fehlen von etwas, was eigentlich da sein sollte."

Elayna schaute die weise Seele fragend an. „Also ist es nicht da?“

„Es gibt nichts Wirkliches, was nicht da ist, weil alles in der Schöpfung vollständig und ganz beschaffen ist. Es ist alles da, du kannst es nur nicht immer wahrnehmen. Vor allem dann nicht, wenn du dich im Mangel befindest.“

„Aber wie entsteht überhaupt das Bewusstsein für Mangel?“

„Dadurch, dass der Mensch die Fülle nicht mehr wahrnimmt und seine Essenz nicht verwirklicht. Am Anfang der Mangelsituation stehen meist Trennung, Angst oder geistige Trägheit. Zur Folge hat das dann unter anderem Täuschungen, Unklarheiten und Leiden. Du kannst es dir wie Nebel vorstellen, der deine Sicht verschleiert, und du immer mehr die Orientierung verlierst und weniger sehen kannst. Bis du das merkst, bist du oft schon weit von deinem Weg abgekommen. Aber du hast trotzdem die Möglichkeit, da wieder rauszukommen. Und es ist Unterstützung da, auch wenn du sie wahrscheinlich nicht sehen kannst. Darum bitte um Unterstützung und nehme sie an.“

Elayna merkte, dass sie das Thema doch spannend fand. Sie fing an nachzuvollziehen, warum sie über das Thema sprachen. Denn es ist unter den Menschen sehr präsent. „Woran merkt man denn als Mensch genau, dass man im Mangel ist?“

„Du bist ständig auf der Suche, ohne wirklich zu wissen, wonach. Du hast das Gefühl, du hast nicht alles, um glücklich zu sein. Immer fehlt dir es an etwas Wichtigem, wodurch du deine Aufgaben nicht erfüllen kannst. Du vergleichst dich mit anderen, die es scheinbar besser haben als du. Das Spannende ist, wenn du das, was dir deiner Meinung nach gefehlt hat, bekommst, bringt dir das höchstens eine vorübergehende Befriedigung, weil das Thema des Mangels in dir noch nicht gelöst ist. Also bleibst du im Habenmodus und brauchst immer mehr, um überhaupt noch befriedigt werden zu können."

„Hat denn der Mangel überhaupt etwas damit zu tun, wie viel Vermögen oder Geld ich als Mensch habe?"

„Nein. Du kannst alles haben und im Mangel sein, oder du kannst nichts haben und glücklich sein. Viele der sogenannten reichen Menschen befinden sich in Mangelkreisläufen und anstatt, dass sie das teilen, was sie besitzen, häufen sie immer mehr an in dem Wunsch, dadurch glücklich zu werden. Und wer selbst im Mangel ist, neigt dazu, andere mit in das Feld reinzuziehen und saugt an der Lebenskraft anderer. Die Befreiung vom Mangelbewusstsein, Elayna, hat mit geistiger Fülle zu tun."

„Ist denn der Mangel immer etwas Individuelles?"

Die weise Seele freute sich, wie aufmerksam Elayna bei der Sache war. „Der Mangel bildet sich zunächst individuell. Du kannst viele Gründe finden für Mangel, häufig geht es um Geld und materiellen Besitz. Was aber auch ein häufiger Mangel auf der individuellen Ebene ist, ist das Gefühl, oder besser gesagt der Glaube, „nicht gut genug" zu sein. Oder einfach „die anderen sind besser". Vergleiche mit anderen sind stets ein Ausdruck des Mangelbewusstseins. Im Mangel wirst du von der Bestätigung anderer abhängig und dadurch leicht manipulierbar. Wenn der Mangel auf dieser Ebene nicht erkannt und gelöst wird, nimmt er generalisierte Züge an und du trägst den Mangel nach außen. Damit machst du ihn zu einem globalen Thema, indem du beispielsweise Defizite in deine Beziehungen einbringst. Damit erschwerst du dir deine alltägliche Kommunikation mit anderen Menschen und kannst die Lösungen, die es gibt, um aus dem Mangel herauszukommen, nicht mehr ausreichend wahrnehmen. Ein Mensch im Mangelbewusstsein begegnet seinen Mitmenschen mit großer Bedürftigkeit oder Erwartungshaltung. Erwartungen machen den Menschen zu einem Wartenden, damit übernimmt er keine Verantwortung. Seine Mitspieler findet er dann in Menschen, die noch viel in Schuld und Angst unterwegs sind. Auf der universellen Ebene existiert kein Mangel in der Form. Doch aus einer mangelbehafteten Sicht gibt es keinen Weg zur Verbundenheit und Glückseligkeit, weil die beschränkenden Vorstellungen dazwischen sind."

„Du hast, als wir über Krankheit gesprochen haben, auch öfter den Mangel erwähnt. Was ist da der genaue Zusammenhang?"

„Wenn du den Mangel nicht erkennst, produzierst du immer weiteren Mangel. Du befindest dich in einem Kreislauf des Mangels und damit auch in einem Kreislauf des Leidens. Aus diesem Kreislauf entstehen neue Blockaden, Schmerzen, Krankheiten und weitere Beeinträchtigungen wie Abhängigkeiten, Süchte, Komplexe und künstlich erzeugte Ängste. Reicht das?"

Elayna nickte. „Wie ist dann der Weg aus dem Mangel raus?"

„Über die Erfahrung der Fülle. Die Fülle kommt aus dem Sein, im Mangel befindest du dich im Haben wollen. Als der Betroffene bist du selbst der Auslöser von Defiziten, und so geht es um deine Bewusstwerdung. Darüber kannst du die Fülle in dir mehr wahrnehmen und immer mehr in dir integrieren. Sei dankbar und spüre, zum Beispiel über Meditation, dich selbst.

Du wirst immer mehr erfühlen, dass du vollkommen bist und dadurch auch schneller erkennen, wenn du wieder in einen Mangel gehst. Außerdem ist es gut, dich mit Menschen zu umgeben, die in Fülle sind, denn sie zeigen dir auf, wie auch du wieder dorthin zurückgelangen kannst."

„Das klingt gut", nickte Elayna. „Das heißt, wenn ich im Mangel oder im Leid bin, ist das der Moment, in dem mir klar werden sollte, dass ich meine innere Einstellung schnellstmöglich ändere, richtig?"

„Sehr gut. Noch kurz zum Leid: Leiden zeigt eine Bewusstseinsblockade an. Es ist ein seelischer Mangelzustand im Dualen. Kein Mensch müsste oder sollte leiden, doch auch das ist eine Erfahrung, die ihr wählen könnt. Das Spannende ist, dass das Leiden an sich nichts mit dem Ereignis zu tun hat, sondern mit deiner Reaktion darauf. Zwei Menschen kann die gleiche Situation widerfahren und es kann sein, dass der eine darunter leidet, während der andere etwas daraus erkennt und seinen Weg unbeschadet weitergeht. Also, wenn du als Mensch leidest, mache dir bewusst, dass du in jedem Moment den Zustand drehen und dich entscheiden kannst, aus dieser Emotion wieder herauszukommen."

„Weißt du was spannend ist", fing Elayna an. „Einmal, als ich ein Mensch war, war ich sehr viel im Leid unterwegs, obwohl ich das nicht sein wollte. Also war ich immer gegen das, weswegen ich meiner Meinung nach gelitten habe. Aber das Dagegen-Sein hat es verschlimmert, richtig?"

„Es geht nicht um schlimmer. Aber schau dir dein Beispiel mal an. Wenn du gegen etwas bist, gibst du Energie in das, wo du eigentlich dagegen bist. Damit machst du es noch größer und stärker. Sei also nicht gegen etwas, sondern immer für etwas. Sei für Glück in deinem Leben, für Frieden und für Einheit."

„Das klingt so einfach bei dir", erwiderte Elayna. Dann bedankte sie sich, weil sie für sich wieder etwas erkannt hatte.

Nach einer Weile fuhr die weise Seele fort. „Weißt du, was auch einfach sein sollte? Auf der Erde gibt es so viel, dass für alle genug da ist. Es gäbe nicht so viele Menschen auf der Erde, wenn es nicht genug Möglichkeiten gäbe, alle zu versorgen. Was aber die Menschen nicht verstanden haben, ist, dass es in ihrer Verantwortung liegt, das, was da ist, gerecht unter allen aufzuteilen. Wie kann es sein, dass auf der einen Seite der Welt jemand verhungert, während auf der anderen Seite so viel Essen weggeworfen wird? Ich könnte dir viele Beispiele nennen, aber du wirst es mit eigenen Augen sehen, wenn du auf der Erde bist. Auch hier geht es um Bewusstheit und um die Anhebung des Bewusstseins, denn wenn du wirklich empathisch bist und den anderen fühlst, dann kannst du so etwas nicht zulassen. Und es geht nicht um Mitleid, denn wenn du mitleidest, veränderst du nichts. Aber es geht um Mitfühlen, und aus diesem Fühlen heraus geht es darum, in eine gemeinsame Handlung zu treten. Das wird eine der Aufgaben der Seelen sein, die ihre individuellen Themen vollendet haben."

Elayna bedankte sich mit einem tiefen Blick. In Stille fühlte sie all das Gesagte nach und ließ es auf sich wirken.

„Ich habe noch einen Satz für dich. Dieser Satz wird dir irgendwann in deinem menschlichen Leben wieder über den Weg laufen und dich sehr tief berühren. Du wirst erstmal nicht wissen weshalb, aber wenn du dich auf die Berührung einlässt, wird er dich wieder daran erinnern, wofür die Dinge da sind, die wir in unser Leben ziehen:

Dein Leben ist ein Spiegel davon, was du bist und was du dir erlaubst zu sein."

Angst

„Kommt jetzt wieder ein schönes Thema?“, fragte Elayna, nachdem sie das letzte Thema verinnerlicht hatte.

Die weise Seele schmunzelte. „Man merkt, dass du immer mehr menschliches Bewusstsein annimmst. Seit wann gibt es „schön“ und „nicht schön“ bei dir?“

Jetzt musste auch Elayna lachen. „Ich meinte natürlich ein Thema, was energetisch ein bisschen höher ist.“

„Bald. Erstmal widmen wir uns noch einem Thema, was in der Menschheit sehr verbreitet ist: Angst. Auch du wirst noch ein Angstthema mit in dieses Leben nehmen, was du durchleben und dann endgültig auflösen darfst. Damit dir das leichtfällt, lass uns doch ein bisschen über das Thema Angst sprechen:

Auf der Erde gibt es zwei Arten von Angst. Es gibt die natürliche Angst, die den Menschen schon lange begleitet und dem Schutz des Lebens dient. Es ist eine natürliche Reaktion auf eine gegenwärtige Bedrohung, die nach ihrem Ende rasch wieder abklingt. Doch für den Moment ist der Mensch in einer erhöhten Aufmerksamkeit, was ihm helfen kann, gut mit der gegenwärtigen Bedrohung umzugehen.

Dann gibt es noch die künstliche Angst, die auftritt bei eingebildeten Gefahren. Oder auch im Zusammenhang mit vergangenen Gefahren, die wiederholt auftreten, da der Mensch sie nicht loslassen kann. Hier versetzt meist das Ego den Menschen in eine lähmende Unruhe, die den Menschen daran hindert, angemessen mit der Situation umzugehen.“

„Aber woher kommt denn die Angst? Jetzt bin ich im Urvertrauen. Geht das verloren, wenn ich ein Mensch werde?“, fragte Elayna.

„Dein Urvertrauen kann nicht verloren gehen. Es kann dir aber nicht bewusst sein. Doch am Anfang deiner dualen Existenz ist es da und dir bewusst. Irgendwann, oft in den ersten Jahren, kommen Situationen, in denen du plötzlich feststellst, dass du in der dualen Welt nicht mehr uneingeschränkt beschützt bist. Dazu kommen dann die Angstthemen, die du vielleicht mitgebracht hast oder von deinen Eltern übernimmst. Dann kann es sein, dass du das Urvertrauen nicht mehr spürst, aber trotzdem ist es da.“

Elayna freute sich sehr, das zu hören. Sie fragte weiter: „Wenn ich innerlich in Angst bin, hat das auch einen Einfluss auf meine äußeren Umstände?“

„Natürlich. Du weißt doch, das, was sich im Außen zeigt, ist ein Spiegel von dem, was in dir ist. Wenn du beispielsweise immer Angst hast, etwas zu verlieren, wirst du irgendwann genau die Erfahrung machen. Und das ist dann nicht, weil das Universum oder wer auch immer es nicht gut mit dir meint, sondern weil du dir genau diese Erfahrung selbst kreiert hast, um etwas daraus zu lernen. Das gleiche gilt für Krankheiten. Lebst du in der Angst, du könntest krank werden, schaffst du das Feld, das genau das eintritt. Aber nicht, um dich für etwas zu bestrafen, sondern weil du dadurch die Möglichkeit hast, etwas in dir bewusst zu machen.“

„Wenn ich in der Angst bin, ist es mir dann bewusst, dass ich gerade in Angst bin?“

„In dem Moment weißt du es meistens nicht, weil es sich für dich sehr echt anfühlt. Du kannst es dir so vorstellen als wäre die Angst ein Nebel, der dich umgibt. Wenn du aber aus dem Nebel deiner Angst herausgetreten bist, wirst du feststellen, dass er gar nicht so furchteinflößend und groß ist, wie er dir vielleicht vorkam. Aber für diesen ersten Schritt aus der Angst heraus braucht es deine bewusste Entscheidung und häufig einen Impuls von außen."

„Okay. Was passiert denn eigentlich in meinem Körper, wenn ich Angst habe?", wollte Elayna weiter wissen.

„Interessante Frage. Typische Angstreaktionen sind Herzklopfen, Beschleunigung des Atems, Schwitzen, Erhöhung des Blutdrucks und Anspannung bis hin zur Lähmung. Das sind körperliche Reaktionen auf angstauslösende Situationen und wird unter dem Begriff „Stress" zusammengefasst. Angst zeigt sich aber auch über andere Zustände wie Unruhe, Besorgnis oder Panik."

Elayna erinnerte sich, dass sie das alles gut kannte. Sie hatte scheinbar viel Stress gehabt, gerade in ihrem letzten Leben, und wusste damals nicht gut, wie sie damit umgehen konnte. Die weise Seele wusste das natürlich, darum vertiefte sie das Thema Stress.

„Stress kann positiv oder negativ wirken. Bei positiv wirkendem Stress reguliert der Körper seine Reaktion situationsgerecht, und sobald die akute Situation vorbei ist, klingen die typischen Reaktionen wieder ab. Negativ wirkender Stress, den viele Menschen sich selbst machen, ohne dass es unbedingt einen konkreten Auslöser gibt, belastet den Organismus dauerhaft und bringt den Menschen aus seiner Balance. Zurück zur

Angst: Bei einem konkreten Auslöser verstärkt Angst die Körperreaktionen, die der Mensch in dem Moment zum Überleben braucht. So kannst du zum Beispiel schneller weglaufen. Dafür werden andere Abläufe im Körper eingestellt, die in dem Moment nicht überlebenswichtig sind. Dieser Zustand ist aber nicht dazu gedacht, dass er lange aufrechterhalten wird. Das belastet den gesamten Organismus dauerhaft und bringt ihn aus seiner Balance."

„Und es macht vermutlich keinen Sinn, die Angst zu bekämpfen, stimmts?", dachte Elayna laut nach.

„Wenn du die Angst bekämpfst, wird sie stärker. Auch wenn du ihr immer wieder ausweichst, kommt sie verstärkt wieder, damit du dich mit dem Thema der Angst auseinandersetzt. Sie wechselt höchstens ihre Gestalt, aber sie löst sich nicht auf. Und bevor du fragst: Auch Verdrängung ist kein Weg. Verdrängung lässt den Menschen innerlich erstarren."

„Also muss jeder irgendwann seiner Angst begegnen", stellte Elayna fest.

Die weise Seele bestätigte ihr das. „Jeder Angstzustand hält den Menschen davon ab, in seine Kraft zu kommen. Die Befreiung von Ängsten ist also die Voraussetzung, dass echte Verbundenheit und Vertrauen entstehen kann.

Es hilft dir auf der Erde, wenn du bewusst im Hier und Jetzt lebst. Es bringt dir nichts, dir im Vorfeld Angst zu machen, das nimmt dir nur Energie für deine aktuelle Aufgabe.

Achte also auf einen bewussten Umgang mit deiner Angst. Bei jedem Erlebnis hast du die Wahl, entweder bewusst zu reagieren und die Ursache zu erkennen und zu lösen, oder die Angst zu ignorieren und in dein Unterbewusstsein zu verschieben."

„Gibt es etwas, was alle Angst auflöst?"

Wieder nickte die weise Seele. „Die Wahrheit löst die Angst auf. Wenn du in Wahrheit stehst, kann dich kein dauerhaftes Angstthema beschäftigen. Doch dafür musst du dich selbst bewahrheiten, das bedeutet, mit dir selbst wahrhaftig sein. Das ist deine Verantwortung auf der Erde."

Elayna war eine Weile still. Dann fragte sie nach: „Haben alle Wesen auf der Erde mal Angst?"

„Nein. Lass uns mal in die Pflanzenwelt gucken. Eine Sonnenblume macht sich keine Sorgen darüber, ob sie in Zukunft abgemäht werden könnte, und sie hat auch keine Angst davor, eines Tages zu verdursten. Genauso wenig fürchtet sie sich davor, eines Tages zu verwelken, nur weil eine andere Blume neben ihr mal verwelkt ist. Auch stresst es sie nicht, wenn eine andere Sonnenblume neben ihr größer ist oder mehr Blätter hat. Sie genügt sich selbst vollkommen und erkennt und erfüllt den tieferen Sinn ihrer Existenz. Tiere empfinden Angst in bedrohlichen Situationen, dann reagieren sie aber angemessen darauf und kommen wieder in einen Zustand der Entspannung. Sie generalisieren diese Angst nicht in sich. Das heißt, wenn sie einmal Angst hatten, weil ein großer Gegenstand von oben heruntergefallen ist, werden sie nicht ihr Leben lang in der Angst bleiben, dass das wieder passieren könnte, sondern sie verhalten sich vielleicht vorsichtiger und achtsamer. Generell kann man sagen, dass sich bei Tieren die Angst auf die gegenwärtige Situation beschränkt und sie keine künstliche Angst entwickeln."

„Gut, dass es auf der Erde Menschen gibt, die anderen aus der Angst heraushelfen können. Ich stelle es mir nicht einfach vor, allein aus dem Thema herauszukommen."

Die weise Seele schaute Elayna beruhigend an. „Du bist nie allein. Auch wenn es euch noch nicht wieder bewusst ist, ihr alle macht gemeinsam diese Erdenerfahrung, und ihr geht diesen Weg miteinander und habt euch entschieden, euch gegenseitig zu unterstützen. Es wird also immer jemand da sein, der dich begleitet, wenn du es zulässt und annimmst.

Es ist gut, dass den Menschen jetzt immer mehr bewusst wird, dass eine Angst nicht unbedingt in ihrem derzeitigen Leben entstanden ist. Du bringst immer unbewusste, nicht gelöste Anteile mit, auch aus vergangenen Inkarnationen. Darum kann eine Therapie, die sich ausschließlich auf dieses Leben bezieht, meist nicht alles heilen. Dazu, meine geliebte Elayna, braucht es Seelen wie dich, die dazu beitragen, dass das Bewusstsein der Menschen auf der Erde angehoben wird."

Die Liebe

„Ich möchte, dass du eins tief in dir verinnerlichst, Elayna. Egal was ist, egal wer du bist und wo du bist, du bist immer geliebt. Es gibt nichts außerhalb der Liebe. Es kann sein, dass du das als Mensch mal vergessen wirst. Du wirst dich vielleicht alleine fühlen, traurig, einsam oder nicht in Verbundenheit mit anderen. Das ist alles okay und das sind Erfahrungen, die manche Menschen wählen, zu machen. Doch sei dir gewiss, du bist vom Universum unendlich geliebt."

Elayna schaute die weise Seele an und nahm ihre Liebe tief in sich auf. Sie hatte sich für ihre Inkarnation bestimmt, auf der Erde in einem liebevollen Umfeld aufzuwachsen. Sie spürte tief in sich, dass auch sie viel Liebe mit auf die Erde bringen würde, um sie an andere zu verschenken.

Um ihre Liebe rein in der Welt zum Ausdruck bringen zu können, bat Elayna die weise Seele, ihr noch mehr über die Bedeutung der Liebe zu erzählen.

„Liebe ist Verbundenheit, Heilung und die Wiedererinnerung an dein Wesen. Sie bringt alles Getrennte wieder in Verbindung. Alles, was eine Form hat, trägt in sich die Liebe. Es kann sein, dass du mal nicht die Liebe spüren kannst, aber genau dann ist es deine Aufgabe, sie wieder zu erkennen. Und dann gib deine Liebe weiter in der Situation, an den Ort oder an den Menschen."

Elayna nickte. „Werde ich die Liebe auf der Erde in ihrer Reinheit erfahren?"

„Ja, aber erstmal in anderen Formen. In menschlichen Gesellschaften ist die wahre Bedeutung der Liebe nicht verstanden. Die Liebe der Menschen ist gefangen in Systemen, in Moral und in Tradition, und anstatt der reinen Liebe wird meist eine Vorstellung von ihr gelebt. Du lernst, dass du etwas tun musst, um geliebt zu werden. Und dir ist nicht mehr bewusst, dass du dich in jedem Moment selbst lieben kannst, so, wie du bist. Viele Menschen sind so sehr auf der Suche nach Liebe und Anerkennung im Außen, dass sie sich selbst vergessen bei dem Versuch, Liebe von anderen zu bekommen. Wenn du etwas für die Liebe tun musst, was sich für dich nicht wahr anfühlt und nicht deinem Wesen entspricht, dann ist es keine Liebe. Denn die weiteste Liebe ist die Liebe, die frei ist. Sie ist ohne Manipulation, Täuschung oder Verhinderung. Sie ist nicht beeinflussbar vom Wollen oder vom menschlichen Verstand. Liebe ist frei von allen Bedingungen."

Die weise Seele blickte Elayna an, um zu sehen, ob der Punkt bei ihr angekommen war. Sie selbst kannte Momente aus vergangenen Inkarnationen auf der Erde, in denen sie alles dafür tun wollte, um von anderen geliebt zu werden. Doch bei dem Versuch ging sie immer mehr in eine Bedürftigkeit und hatte irgendwann das Gefühl, selbst nicht vollständig zu sein, nicht gut genug. Sie wusste, dass Elayna in dieser Inkarnation nicht bestimmt hatte, in diesen Kreislauf einzusteigen, trotzdem war es ihr wesentlich, ihr noch einige Sätze über die Liebe mitzugeben.

„Deine Liebe in dir ist völlig unberührbar von Dingen, Formen oder Handlungen. Deine Liebe ist jenseits aller Zustände, die du erschaffen und angenommen hast. Es wird eine deiner

Aufgaben sein, deine Liebe wieder zu entdecken und mit der sanften Kraft der Liebe alles aufzulösen, was nicht zu dir gehört."

Elayna nickte wieder. „Ist es also richtig zu sagen, dass Liebe eine angeborene Fähigkeit aller Menschen ist? Auch wenn es nicht allen bewusst ist?"

„Ja. Jeder einzelne Mensch kommt mit den angeborenen Fähigkeiten Neugier, Liebe und Sehnen auf die Welt. Die Liebe inspiriert dich, deine Bestimmung in den Ausdruck zu bringen. Sie ist die heilende, segnende und stärkende Kraft. Die Botschaft ist: Erkenne die Liebe wieder in dir. Wenn du sie in dir erkannt hast, hast du alle Voraussetzungen, mit deiner Liebe deinen Nächsten zu berühren und ihn zu erreichen. Warte nicht auf die Liebe und fange nicht an, sie im Außen zu suchen. Sie ist tief in deinem Wesenskern verankert. Um also den vollen Zugang zu deiner Liebe zu haben, geht es darum, dich mit deinem Wesenskern wieder zu vereinen."

Elayna nickte. Das klang verständlich. Dankbar schaute sie die weise Seele an und lauschte weiter ihren Worten.

„Wenn du jemanden liebst, Elayna, dann zeige es und sage es. „Ich liebe dich" sind nicht drei Wörter, die du zu einer Person sagst, sondern ein Geschenk deiner Liebe an deine Mitwesen. Du hebst damit deine Energie und die Energie des anderen an. Du gibst deine Liebe weiter, so wird das Sein auf der Erde immer ein Stück liebevoller. Um zu lieben brauchst du keinen Grund, doch sei der Grund, dass auch die Menschen um dich herum beginnen, sich selbst vollständig zu lieben.

Liebe es, mit dir Zeit zu verbringen. Liebst du deine eigene Anwesenheit, dann tun das auch alle anderen. Gehe immer liebevoll mit dir um. Behandle dich selbst so, wie du die Wesen behandelst, die du am meisten liebst. Und behandle alle Wesen so, wie du selbst behandelt werden möchtest."

Darüber dachte Elayna eine Weile nach. Ihr kamen neue Fragen auf, die sie der weisen Seele direkt stellte: „Wenn jeder Mensch die Liebe in sich hat, wieso gibt es dann Zustände wie Mangel? Wenn ich in meiner Selbstliebe bin, bin ich dann nicht auch in Fülle? Warum lässt die Liebe dann zu, dass es etwas anderes geben kann?"

Die weise Seele verstand all diese Fragen sehr gut, denn auch sie hatte sich oft diese Fragen gestellt. Sie berichtete Elayna von ihren Erkenntnissen: „Die Liebe lässt alles zu, auch die Manifestation von unheilen Zuständen. Denn genau das versetzt den Menschen in die Lage, zu erkennen, dass er sich aus einer Unbewusstheit heraus etwas Unwirkliches geschaffen hat. Er hat aber auch die Möglichkeit, aus der Liebe heraus genau diese Zustände wieder zu verändern. Denn wenn die Liebe irgendetwas nicht zulassen würde, dann nimmt sie dem Menschen seinen Erfahrungsweg, den er manchmal gehen muss, um darüber zu Erkenntnis zu gelangen. Es geht also um eine Wendung der inneren Einstellung und um eine Hinwendung zur inneren Liebe. Und sei mutig in deiner Liebe, Elayna. Erlaube dir, tiefe Beziehungen einzugehen. Vertraue tief und fliege hoch."

„Und wenn ich falle?"

„Dann fällst du. Irgendwann hört jeder Fall auf. Du kannst nicht tiefer fallen als in die Arme des Himmels und in den Schoß der Mutter Erde. Und wenn du gefallen bist, dann verbinde dich und stehe wieder auf. Und du hast eine Erfahrung mehr in deinem Leben. Wenn du als Kind laufen lernst, wirst du oft fallen, doch genauso oft wirst du wieder aufstehen. Bis zu dem Moment, an dem du laufen kannst. Was dich aber nicht weiterbringt in deinem Leben ist, wenn du fällst und nicht wieder aufstehst. Wenn du liegen bleibst und allen davon erzählst, wo du liegst und warum du da liegst. Oder sogar versuchst, andere mit zu dir runterzuziehen. Oder wenn du dich nicht in die Höhe wagst, aus Angst du könntest fallen. Wenn du jedoch andere daran teilhaben lässt, dass du gefallen bist und wieder aufgestanden bist, dann inspirierst und impulsierst du sie, aus ihrem eigenen Fall wieder aufzustehen."

„Das verstehe ich alles, aber was ist, wenn ich mich verletzt habe? Wenn ich verletzt wurde? Dann kann ich vielleicht nicht direkt wieder aufstehen." Elayna dachte an viele Momente ihres Menschseins, in denen sie nicht die Kraft hatte, sich direkt wieder aufzurichten.

Die weise Seele kannte diese Momente auch, doch es war ihr wichtig, Elayna verständlich zu machen, dass sie der Schöpfer ihres Lebens ist. Dass sie die Kraft haben würde, um wieder heil zu werden und in Liebe mit sich und allen Wesen zu sein. Darum erklärte sie sanft: „Du hast alle Chancen und Möglichkeiten in dir, wieder zu heilen. Das ist doch das Wunder in deinem Leben. Denn egal auf welcher Ebene du eine Verletzung erfahren hast, du bist der Schöpfer deines Lebens. Du hast die freie Wahl, in der Verletzung zu bleiben oder wieder aufzustehen, dir den Raum zu schenken, um zu heilen und dann gestärkt aus der Verletzung herauszugehen."

Elayna nahm die Worte dankbar in sich auf. Welch ein Geschenk zu wissen, dass egal, was auf der Erde geschehen würde, es ihrem Entwicklungsweg dienen würde und sie aus ihrer Bewusstheit heraus entscheiden konnte, wie sie damit umging. Sie nahm sich fest vor, das in jeder Erfahrung zu erkennen und sich immer wieder bewusst mit der Liebe zu verbinden. Während sie das tief in sich spürte, sprach die weise Seele weiter.

„Liebe verletzt nicht. Du kannst in deiner Liebe verletzt werden, aber du kannst auch in deiner Liebe heilen."

Tief berührt schaute Elayna sie an. Dann bat sie die weise Seele, ihr zum Abschluss noch ein paar Worte über Liebe und Heilung zu sagen.

„Es geht um ein Heilen in die Liebe. Es geht darum, sich gegenseitig in Liebe zu tragen, um so Heilung zu ermöglichen. Es geht um deine liebevolle Präsenz, die heilt. Und um deine heilende Nähe. Dabei geht es nicht um Entfernung, du kannst auch jemandem sehr nah sein, der sich auf der anderen Seite der Erde befindet. Aber es geht auch um liebevolle Begegnung und Berührung auf allen drei Ebenen des Menschseins. In der Begegnung mit anderen kann Vertrauen entstehen, Nähe erfahren werden und Berührung von Körper, Seele und Geist dich erweitern und vertiefen. Bei Berührungen und Begegnungen hebt immer die höhere Schwingung oder das höhere Bewusstsein den anderen an. Erlaube dir also, in tiefe Verbindungen zu gehen, denn die Verbundenheit und das Verbundensein mit anderen schenkt dir alle Kraft."

Die weise Seele ließ Elayna viel Zeit, das Gesagte aufzunehmen und die Liebe in sich zu spüren. Als von Elayna keine Fragen kamen, fuhr sie fort, ihr noch einige Sätze über die Liebe mitzugeben.

„Um die höchste Liebe auf Erden zu leben, ist es wesentlich, die innere Liebe zu erkennen. Und aus dieser Liebe sei in Hingabe und verschenke dich an deine Mitwesen. Die Hingabe leitet dich, tiefste Verbundenheit einzugehen und dich bedingungsfrei zu verschenken. Deine Hingabe und Hinübergabe wird gebraucht in der Welt. Dein Potenzial, dich zu verschenken, ist unbegrenzt. Das haben die Menschen noch nicht erkannt, denn dafür müssen sie die Vorstellung loslassen, dass sie selbst begrenzt sind, wie etwa durch ihre körperliche Endlichkeit.

Du bist auf der Erde erbeten: Sei im Dienen für alles, was existiert. Wer in Hingabe und im Dienen ist, erhält dafür aus der universellen Ebene alle Kraft. Und diene immer aus der Liebe, dir und deinem Nächsten."

Lange war Stille. Es entstand ein Raum, in dem Elayna sich füllen konnte mit der Vorhandenheit der Liebe. Als sie das Gefühl hatte, ganz gefüllt zu sein, lächelte sie der weisen Seele in tiefer Dankbarkeit zu. Diese schaute Elayna an und entschied, dass sie nun bereit war für ein neues Thema: Geistige Evolution.

Geistige Evolution

„Wir beide haben viele Revolutionen mitbekommen auf der Erde, kleinere und auch sehr große. Revolution findet immer dann statt, wenn es nicht mehr anders geht, als die Not zu wenden. Doch jetzt ist eine neue Zeit, mit einer neuen Aufgabe, meine liebe Elayna. Wenn du jetzt auf die Erde inkarnierst, wird es um Evolution gehen und um die Bewusstseinsanhebung aller Menschen."

„Wo liegt denn genau der Unterschied zwischen Revolution und Evolution?", wollte Elayna wissen.

„Die Revolution ist eine notwendige Entwicklung, wenn alles andere nicht mehr geht. Der Antrieb für Revolution kommt aus Not und aus Zwang. Evolution ist das, was aus deinem inneren Sehnen erfolgt. Evolution kann nur der, der die Revolution in sich transzendiert hat. Evolution folgt einer Vision, die größer ist als du. Wenn du darauf ausgerichtet bist, hast du alle Kraft, die du brauchst, dieser Vision zu folgen. Sinn des Lebens ist immer Entwicklung, Veränderung und Evolution, zuerst deiner selbst, dann deines Nächsten und schließlich ausgedehnt auf alle Wesen."

„Aber sind die Menschen nicht mittlerweile zu sehr im Kopf und in Gedanken, um sich wirklich zu evolutionieren?" Elayna dachte an ihre letzte Inkarnation, in der sie sich sehr über ihr Denken definiert und ihrem Fühlen wenig Raum in sich gegeben hatte.

„Du hast recht, das Denken muss erstmal aufgemacht und erweitert werden, bevor die Evolution beginnen kann. So wie auch du in deiner letzten Inkarnation, sind viele Menschen in ihrem Kopf und mit ihren Gedanken und dem Verstand beschäftigt. Dabei vergessen sie das Fühlen, ohne das die Entscheidung für eine Veränderung aber nicht vollständig ist. Also folgt nach der Denkentscheidung immer die Fühlentscheidung, eine Entscheidung aus dem Herzen. Dann werden Denken und Fühlen verbunden und es folgt die Denkfühl-Entscheidung. Nach diesem dritten Schritt folgt die Denkfühlhandlungs-Entscheidung, wo du das Entschiedene in deiner Handlung umsetzt, und die Handlungshandlung offenbart sich dir."

„Das war jetzt sehr geistig", bemerkte Elayna. Die weise Seele schmunzelte. „Okay, dann lass uns wieder zur geistigen Evolution zurückkehren."

Elayna nickte. „Wieso denn eigentlich geistige?", fragte sie nach.

„Weil die Evolution des Menschen auf der geistigen Ebene stattfindet. Die geistige Evolution ist zugleich auch eine Seelenevolution. Diese Evolution im dualen Umfeld beschreibt die Entwicklung des menschlichen Bewusstseins von einer relativ niedrigen Schwingung zum höchsten Bewusstsein. Die Veränderung des Bewusstseins zeigt sich im Handeln: Je empathischer, mitfühlender und erweitert human das Bewusstsein zum Ausdruck kommt, umso größer sind die Fortschritte, die es individuell, global und universell bewirkt. Gehe stets vom Einzelnen aus, denn jede Veränderung des Geistes eines Einzelnen verändert auch den Weltengeist. Du kannst also sagen, die geistige Evolution ist ein Fortschritts- und Wachstumsprozess."

„Kannst du mir ein Beispiel nennen, das die geistige Evolution fördert?“

Die weise Seele nickte ihr bestätigend zu. Sie freute sich über Elaynas Neugier und ihre aufmerksamen Fragen. „Eine Möglichkeit ist Stille, wenn sie bewusst erlebt wird. Sie ist die Voraussetzung, den inneren Geistraum zu öffnen. Evolutionserweiternd ist auch die Vergebung, du erinnerst dich bestimmt, dass wir darüber schon gesprochen haben.“ Da Elayna nickte, fuhr die weise Seele fort.

„Geistige Evolution ist ein Vorgang der Veredelung. Du löst dich so von dualen Beschränkungen und bringst dein wahres Wesen immer mehr zum Ausdruck. Damit transzendierst du das System, in dem du dich befindest, in die Wahrheit. Erinnerst du dich, dass wir über Krankheit gesprochen haben? Evolution bedeutet auch, kein Leiden und keine Krankheit mehr. Evolution ist eine der großen Aufgaben auf der Erde, und sie geschieht, sobald du es zulässt.“

„Warum erkennen nicht alle, dass diese Evolution jetzt dran ist?“, wunderte sich Elayna.

„Wenn die Menschen das erkennen würden, müssten sie etwas verändern. Wenn du einmal erkannt hast, dass es so, wie es ist, nicht weitergeht, kannst du deine Augen nicht mehr vor der Veränderung verschließen. Viele Menschen sind nicht bereit für diese Veränderung und entscheiden, sich aus ihrer freien Wahl heraus, es nicht sehen zu wollen.“

„Aber sie wird geschehen?“, fragte Elayna beunruhigt nach.

„Alles Lebendige ersehnt seine Bewahrheitung und Evolutionsvollendung. Und jedes Sehnen wird sich erfüllen, früher oder später. Die geistige Evolution ist die Bewahrung von dem, was wir wirklich sind und der Prozess natürlichen Lebens zur Erhaltung aller Natürlichkeit. Geistige Evolution geschieht immer, Elayna, und wir sind mittendrin."

Das beruhigte Elayna und sie konnte in sich wieder ihr Vertrauen spüren, dass die Veränderung auf der Erde eintreten würde und sie ihren Teil dazu beitragen konnte.

Die weise Seele lächelte sie aus ihrer tiefen Liebe an und vollendete ihre Erzählung zur geistigen Evolution.

„Die Evolution deines Bewusstseins wird in der Transzendenz deiner Vorstellungen liegen. Der Vorstellung davon, etwas von anderen zu brauchen, weil dir vermeintlich etwas fehlt, und deiner menschlichen Vorstellung von Bedürftigkeit. Aus deiner Essenz heraus bist du frei von all dem.

Zusammenfassend können wir sagen, dass es darum geht, den Geist wieder auf die Erde zu bringen. Das ist die Aufgabe, eigentlich ganz einfach. Es geht um Entwicklung und Erkenntnisschritte. Das hat nichts mit einer Anstrengung zu tun oder „etwas tun zu müssen", es geht um deinen natürlichen Ausdruck. Wenn du in Anbindung und Verbindung bist, fließt alles durch dich hindurch und du hast die Kraft, deine Aufgabe zu verwirklichen. Dann wirst du wieder diejenige sein, die in einer natürlichen Kommunikation, in Verbindung mit allen Wesen, wieder erinnert, warum wir auf der Erde sind."

Kommunikation

„Da ist noch ein wesentliches Thema, über das wir sprechen sollten, Elayna." Die weise Seele schaute sie direkt an. „Über die Kommunikation in ihrem ursprünglichen Sinne und darüber, wie sie auf der Erde angewandt wird von den Menschen."

„Ist da so ein großer Unterschied?" Elayna schaute die weise Seele fragend an. Während sie mit der weisen Seele in Kommunikation war, konnte sie diese in ihrer ursprünglichen Form wahrnehmen. Wenn sie aber in einer Form inkarnierte, erlebte sie die Kommunikation als Mensch, ohne die Erinnerung daran zu haben, wie Kommunikation in ihrem ursprünglichen Ausdruck aussah.

Die weise Seele hatte, nach Beendigung ihrer Erdeninkarnationen, beide Ebenen in sich zusammengeführt und begleitete jetzt auch Elayna dahin, damit sie selbst den Unterschied spüren konnte.

Also führte sie Elayna zurück in ein vergangenes Leben, welches nicht weit zurück lag und bat sie, die Kommunikation dort zu beschreiben. Elayna ließ sich bewusst darauf ein und schaute sich ihr Leben aus einer höheren Perspektive an. Nach einer Weile blickte sie wieder zur weisen Seele. Sie war überrascht über die Art und Weise, wie die Menschen Kommunikation nutzten. „Beschreib mir mal, wie du das siehst", forderte die weise Seele sie auf.

„Wie sprechen viel miteinander, aber es kommt beim Empfänger oft etwas ganz anderes an", fing Elayna an. Die weise Seele ging direkt auf diesen Punkt ein: „Das ist aufgrund der Prägungen und Konditionierungen, die alle Menschen haben. Jeder bringt seine Geschichte mit, die ihn zu dem Menschen gemacht hat, der er an dem Punkt ist. Wenn also jemand etwas zu dir sagt, kann es sein, dass es etwas ganz anderes in dir auslöst, als das, was ursächlich gemeint war, aufgrund der Erfahrungen, die du bei dem Thema vielleicht schon gemacht hast. Wie du etwas aufnimmst, hat auch immer damit zu tun, wie es dir in dem Moment geht und womit du in der Situation innerlich beschäftigt bist." Elayna nickt versunken und fuhr fort, das Bild, was sie sah, zu beschreiben. „Wir reden auch viel übereinander und aneinander vorbei. Kommunikation ist an Mittel und äußere Bedingungen gebunden. Es gibt ein wahr und falsch, wir haben Angst vor Ablehnung und suchen Anerkennung. Wir benutzen Sprache manchmal, um einander zu verletzen. Uns ist nicht mehr bewusst, was Wörter alles beim anderen verursachen, auslösen und bewirken können."

„Nicht nur Wörter, Elayna, schon deine Gedanken kommen auf einer feinstofflichen Ebene bei dem anderen an", betonte die weise Seele, um Elayna den Punkt nochmal zu verdeutlichen. Diese schaute sie verunsichert an. „Warum kommunizieren wir so?", wollte sie von der weisen Seele wissen. Die erklärte ihr sanft: „Weil es meist nicht mehr um das Sein, sondern um ein Haben geht. Es geht um einen persönlichen Vorteil oder Gewinn, nicht mehr darum, den anderen in seinem höchsten Ausdruck zu unterstützen. Kommunikation baut auf der Wahrnehmung auf und basiert auf der Verbundenheit aller Wesen. Doch oft nehmen die Menschen ihr Gegenüber gar nicht richtig wahr, und während sie Wörter benutzen, sind sie nicht richtig anwesend, sondern innerlich ganz woanders. Erinnerst du dich, als wir über das Ego des Menschen gesprochen haben?

Auch das hat einen Einfluss auf den Menschen, solange es nicht erkannt und erlöst ist. Dann dient die Kommunikation der Selbstdarstellung und wirkt trennend, anstatt verbindend im Sinne der Einheit."

Die weise Seele holte Elayna zurück aus dieser Inkarnation und bat sie, als Nächstes zu beschreiben, wie die Kommunikation auf der Ebene verlief, wo die beiden Seelen sich gerade befanden.

„Es braucht keine gesprochenen Wörter oder Mittel zur Kommunikation. Es geht nicht darum, über die Kommunikation etwas zu erreichen, sie ist absichtslos und bedingungsfrei. Kommunikation entspricht der Wirklichkeit und ist nicht an Zeit gebunden. Wir sind in einer tiefen Verbindung zueinander und spüren, was in dem anderen vorgeht. Jede Schwingung kommt unmittelbar, rein und klar an, es wird nichts unterwegs verfälscht." Elayna nahm noch einen Augenblick die jetzige Kommunikation wahr, bevor sie ihre Beschreibung abschloss: „Kommunikation ist Verbindung, Begegnung, Verantwortung, Energieweitergabe, Schwingung, Heilung und Ausdruck. Alles steht in Verbindung zueinander und Kommunikation an sich bedarf keiner Handlung."

Die weise Seele nickte ihr bestätigend zu. „Genau. Egal auf welcher Ebene, es geht immer darum, dich selbst auszudrücken. Du trittst an deine Mitwelt heran und erhältst über die Kommunikation eine Antwort. Du hast dein Leben lang Zeit, deine Kommunikation immer mehr zu verfeinern bis hin zu deinem klaren und reinen Selbstausdruck. Dann befindest du dich in der freien Kommunikation, die offen, ehrlich, klar, rein und authentisch ist.

Doch bevor du so wieder kommunizieren wirst, wirst du erst einmal die Kommunikation in der Dualität kennen- und anwenden lernen. Sie dient dort als Werkzeug zur Überwindung der dualen Begrenzungen und Trennungen. In der Dualität ist Kommunikation eine Handlung, die verschiedene Wesen miteinander verbindet. Auf dieser Ebene realisiert sich Kommunikation durch Einlassen, du stellst deine eigene Absicht auf die Kommunikation mit dem anderen ein. Dann geht es darum, eine Verbindung mit dem anderen herzustellen und diese Verbindung zu realisieren. Indem die Botschaft fließt, wird auf beiden Seiten eine Erweiterung erfahren."

„Geschieht immer auf beiden Seiten Erweiterung?", fragte Elayna dazwischen.

„Wenn die Botschaft fließt und beide in einer Verbindung sind, dann ja", antwortete die weise Seele. „Also liegt die Verantwortung, ob du Erweiterung erfährst oder nicht, bei dir. Der andere entscheidet für sich. Doch du kannst für dich immer wählen, wie du mit deinen Mitwesen kommunizierst. Und das ist unabhängig davon, wie dein Gegenüber mit dir kommuniziert. Du entscheidest zwischen Kommunikation in Wahrheit oder in Täuschung, zwischen Frieden oder Kampf, zwischen Liebe oder Angst. Es ist deine Verantwortung, ob deine Kommunikation heilbringend oder verletzend ist. In der Kommunikation werden immer Energien freigesetzt, die in deinem Umfeld etwas bewirken. Gleichzeitig bist du selbst in der Verantwortung, bei dir zu schauen, was das Kommunizierte des anderen in dir macht. Du entscheidest, wie viel Raum du dem in dir gibst und wie es deine Schwingung und damit auch deine Stimmung beeinflusst. Du entscheidest bei jeder Kommunikation und trägst die Verantwortung dafür. Angekommen?“, fragte sie Elayna. Diese nickte. Darum fuhr die weise Seele fort:

„Sei dir darüber bewusst, dass deine äußere Kommunikation einen Einfluss hat auf deine innere Kommunikation. Kommunizierst du über Krieg und Angst, verläuft auch die Kommunikation innerhalb deines Körpers nicht mehr in Harmonie und Balance. Bist du in deiner äußeren Kommunikation in Hass und Ablehnung, kann deine innere Kommunikation nicht in Annahme und Liebe sein. Das kann ein Auslöser sein, wie du selbst krank wirst und auch dein Umfeld krank machst.“

Diesmal brauchte Elayna mehr Zeit, bis sie alles verstanden und in sich verbunden hatte. Einmal mehr merkte sie, wie alles mit allem in Verbindung stand und dass sie bis jetzt noch nie die ganzen Zusammenhänge verstanden hatte.

Für die weise Seele waren all diese Zusammenhänge schlüssig. Doch auch sie erinnerte sich an den Zustand auf der Erde. Darum ergänzte sie noch: „Durch das vermeintlich Getrenntsein voneinander entsteht die Chance zu lügen, da die Menschen sich nicht mehr wahrhaftig gegenseitig spüren. Sie nehmen sich als voneinander getrennte Einheiten wahr. Wenn du dich aber so wahrnimmst und nicht in der Verbindung bist, kannst du nicht spüren, ob der andere die Wahrheit sagt oder nicht. Aber sei dir gewiss, es wird wieder eine Zeit der wahrhaftigen Kommunikation kommen.“

Das beruhigte Elayna zu hören. Wie seltsam musste es sein, wenn ein anderes Wesen etwas kommunizierte, was nicht stimmte und sie den Unterschied nicht mehr spüren konnte. Wie anders würde die Kommunikation auf der Erde laufen, wenn sie ihre Informationen nur aus den Worten zog und nicht mehr das Wesen des anderen und seinen authentischen Ausdruck spürte. Die weise Seele holte Elayna aus dem Bild heraus, da es keinen Sinn für sie hatte, sich mit dem Bild zu beschäftigen. Sie ging stattdessen darauf ein, wie die Kommunikation auf der individuellen, globalen und universellen Ebene aussah. Elayna war direkt wieder mit ihrer Aufmerksamkeit da und lauschte ihren Worten.

„Kommunikation findet überall, auf allen Ebenen statt. Besonders intensiv wahrnehmbar wird sie für dich zwischen den Menschen sein, aber auch mit den Tieren, darüber sprechen wir noch. Auf der individuellen Ebene verläuft die Kommunikation zwischen den Billionen von Zellen in deinem Körper. Sie regelt die Abläufe innerhalb des Körpers, aber auch alle verbindenden Prozesse, die der Mensch in sich selbst vollbringt. Über seine innere Kommunikation baut der Mensch ein Selbstbild auf, aus dem er kommuniziert.

Global ist die Kommunikation, sobald sie zwischen zwei oder mehr Individuen stattfindet. Dazu gehört alles Gesprochene, die Gestik, Mimik und so weiter, das kennst du ja noch alles. Aber auch das Senden von geistigen Inhalten, mediale Botschaften und die Intuition sind Teil der globalen Kommunikation. Und natürlich die Kommunikation zu Tieren und Pflanzen."

„Kannst du mir mehr über die Kommunikation zu Tieren sagen? Können wir das Thema vertiefen?", fragte Elayna nach, die sehr neugierig geworden war. „Hab noch ein bisschen Geduld, wir kommen noch dazu", erwiderte die weise Seele schmunzelnd. Da ihr wichtig war, dass Elayna die Aufgabe zur globalen Kommunikation verstand, setzte sie wieder an, um ihre Ausführung zu beenden. „Die aktuelle Aufgabe der

Menschen ist es, ihr Empfinden so weit zu verfeinern, dass sie die Essenz ihrer Mitwesen wieder spüren können. Es geht mehr denn je um die Kommunikation von Herz zu Herz, von Seele zu Seele und von Geist zu Geist.

Und dann gibt es noch die universelle Kommunikation, die dem möglich ist, der zur universellen Wahrnehmung fähig ist. Für die universelle Kommunikation ist keine räumliche oder zeitliche Nähe notwendig. Du kannst also auch mit Wesen kommunizieren, die schon aufgestiegen sind, also nicht mehr als Mensch auf der Erde weilen. Diese Kommunikation ist körperlos, zeitlos, ewig und unendlich. Diese Kommunikation wird durch sie ALL-Verbundenheit aller Wesen miteinander ermöglicht und begründet."

Die weise Seele blickte Elayna an. Sie nahm wahr, dass Elayna alles verinnerlicht hatte, was sie ihr mitgeben wollte über Kommunikation. Bevor sie zum nächsten Thema überging, blickte sie mit Elayna auf die Erde und betrachtete die Kommunikation dort.

„Auf der Erde wird so viel kommuniziert, es wird eine große Menge an Botschaften und Nachrichten um die ganze Welt geschickt", bemerkte Elayna. Sie fragte sich innerlich, ob sie ihre innere Kommunikation überhaupt noch würde wahrnehmen können, wenn um sie herum so viel Kommunikation sein würde. Die weise Seele blickte sie liebevoll an. Wie immer nahm sie wahr, was in Elayna vorging und sie erklärte behutsam: „Es hat seinen Sinn, dass so viel Kommunikation stattfindet. Es beinhaltet zum Beispiel die Chance, neue Felder der Verbundenheit aufzubauen. Und es schenkt dir die Möglichkeit, deine Botschaft, die du mit auf die Erde bringst, mit vielen Menschen zu teilen. Aber gerade in diesem Zeitalter, in dem so viel äußere Kommunikation stattfindet, ist es natürlich wesentlich, nicht die Wahrnehmung für die innere Kommunikation zu verlieren. Aber das wirst du nicht, da darfst du ganz im Vertrauen sein."

Elayna blickte sie dankbar an, und die beiden Seelen beschlossen, dass ihr Dialog über die Kommunikation der Menschen vollendet war.

Entwicklungschancen in Gemeinschaft

„Wird es auf der Erde Seelen geben, die mich unterstützen und begleiten werden auf dem Weg?“, wollte Elayna wissen. Je näher der Augenblick kam, in dem sie auf die Erde niederstieg, desto mehr Fragen kamen ihr, und sie nutzte die Chance, noch so viel wie möglich von der weisen Seele zu erfahren.

„Es wird sehr viele geben“, bekam sie zur Antwort. „Es wird zu jedem Zeitpunkt genau die Unterstützung da sein, die du brauchst. Manchmal erkennst du sie nicht sofort, manchmal wirst du vielleicht auch in Widerstand gehen, weil du bestimmte Dinge nicht sehen willst. Aber keine Begegnung wird zufällig sein. Du verabredest dich mit allen Seelen, die dich unterstützen können oder die du unterstützen wirst. Denn alles ist immer ein Geben und Nehmen. Doch letztendlich ist es sogar mehr als das, denn wenn du in Hingabe und Hinübergabe bist, löst sich das Geben und Nehmen darin auf. Das, was du erkennst, kannst du an andere weitergeben, um den Weg für sie leichter zu machen. Und erlaube dir, tiefe Beziehungen einzugehen. Dich deinen Mitwesen ganz zu öffnen, dich zu zeigen mit allem, was du bist. Das ist die Grundlage für eine tiefe Verbundenheit, die dich auch dann trägt, wenn du Unterstützung brauchst.“

„Was ist der beste Weg, uns gegenseitig zu unterstützen?“, fragte Elayna interessiert nach.

„Seid füreinander da. Gebt euch gegenseitig das Gefühl, dass ihr beschützt und geborgen, geliebt und getragen seid. Ihr neigt dazu, das auf der Erde zu vergessen. Lebt zusammen, wirkt zusammen. Ihr denkt manchmal, ihr müsstet die Dinge allein hinkriegen. Und dann? Es ist eine freudvolle und beglückende Erfahrung, gemeinsam etwas zu erschaffen. Ihr bündelt eure Energien, und wenn jeder seinen Platz und seine Aufgabe einnimmt, ist alles da."

Obwohl Elayna nickte, wurde die weise Seele noch einmal deutlicher. „Wenn die Erde ein Spiel wäre, was du allein schaffen musst, dann hättest du einen Planeten für dich allein bekommen. Da alle Wesen aus einem gemeinsamen Ursprung kommen, haben auch alle miteinander eine Aufgabe auf der Erde. Aber, um diese Aufgabe überhaupt erst zu beginnen, ist es essenziel, sich wieder an seinen wahren Ursprung zu erinnern und sein Wesen zu fühlen. Du bist nicht allein, du bist mit vielen anderen wundervollen Seelen auf dieser Reise."

„Wie finde ich denn diese Seelen? Werde ich sie wiedererkennen?" Elayna musste selbst schmunzeln, denn sie erkannte, wie sich ihre Fragen veränderten. Umso näher der Punkt kam, an dem es für sie dran war, auf die Erde niederzusteigen, desto mehr stellte sie sich auf das Menschsein ein, und desto dualer wurden ihre Fragen. Trotzdem verstand sie, warum die weise Seele so deutlich sprach, da sie viele Inkarnationen davon ausgegangen war, vieles allein schaffen zu müssen, und dadurch ihre Verbindung zu anderen blockiert war.

Und obwohl sie über dieses Thema schon in einer anderen Ebene gesprochen hatten, beantwortete die weise Seele auch hier geduldig ihre Frage, in für sie verständlichen Worten. „Du brauchst sie nicht finden, du wirst sie mit deiner Schwingung anziehen. Und natürlich wirst du sie erkennen, an ihrer Frequenz. Meistens trifft man mit den Seelen wieder zusammen, gerade an so entscheidenden Zeiten auf der Erde wie im Moment, mit denen man auch in anderen Inkarnationen gemeinsam war. In diesem Zusammensein - ihr werdet es Gemeinschaft nennen - wird euch wieder bewusst, dass ihr geistige Wesen seid, die eine menschliche Erfahrung machen. Nicht Menschen, die gemeinsam eine spirituelle Erfahrung machen. Vieles wird sich in der Welt verändern. Die Veränderung, die ihr aber für die Welt erwünscht, ist die, die in eurem Herzen erst geschehen und geboren werden darf."

„Ist der Punkt auf der Erde jetzt entscheidend, weil das neue Bewusstsein kommt?", fragte Elayna nach.

„Genau. Der Punkt, an dem die Menschheit jetzt steht, ist wie ein Vakuum, in dem das alte Bewusstsein nicht mehr haltbar ist, das neue aber noch nicht gelebt wird. Doch es ist verstanden und erfühlt, dass es nicht mehr zurück geht, da schon viele Seelen erwacht sind. Genau diese Seelen kommen jetzt immer mehr in ihren Ausdruck, da in ihnen das Sehnen groß ist, nicht nur selbst den Ursprung wieder erkennen, sondern auch anderen dorthin wieder zurück zu verhelfen."

„Kannst du mir noch mehr über diese Form der Gemeinschaft erzählen?"

„Sehr gerne", erwiderte die weise Seele, „aber sei im Vertrauen und in der Gewissheit, du wirst es in Form erleben, wenn du wieder auf der Erde bist. Es wird eine Zeit der Wandlung sein, eine Zeit, in der es viel Energie braucht, das Höchste wieder auf der Erde zu verwirklichen. Für die Generationen, die danach kommen, wird es einfacher werden. Sie können direkt in so eine Gemeinschaft hineingeboren werden und sich dort von Beginn an verwirklichen in der Form. Sie bekommen alle Unterstützung, um ihren mitgebrachten Auftrag und ihre Bestimmung zu erfüllen.

In dieser Form der Gemeinschaft ist es das höchste Ziel, alle Menschen wieder in ihren Ursprung zu begleiten. Jeder wird da abgeholt, wo er steht, und in tiefer Liebe unterstützt, sich selbst zu erkennen. Jeder findet seinen Platz und seine Aufgabe. Da es kein Zufall ist, welche Seelen dort zusammentreffen werden, harmoniert all das in einer perfekten Ordnung. Keiner muss irgendetwas ableisten, die Antriebsmotivation wird nicht mehr Zwang oder Not sein, sondern aus einem tiefen Sehnen erfolgen. Jeder dient in vollkommender Hingabe, und das Zusammensein ist von Leichtigkeit, Freude und Glück erfüllt. All das wird diese Gemeinschaft zuerst in sich erfahren, dann wird sie sich öffnen und anderen ermöglichen, diese Erfahrungsschritte zu machen. Aus dieser Globalgemeinschaft wird eine ganze Stadt werden, ein Staat, ein Kontinent und schließlich die ganze Erde. Das ist kein Zustand, der erfunden werden muss, sondern einer, den es seit Anbeginn der Zeit gibt, der jetzt aber wieder gelebt und vorgelebt werden darf. Und genau das wird sich dann ausdehnen und immer größer werden, und immer mehr Menschen werden so zurückkehren nach Hause.“

Elayna spürte in sich, dass genau das ihr Sehnen war. Genau diese Erfahrung ersehnte sie sich mit den anderen Seelen, mit denen sie sich bereits verabredet hatte.

Die weise Seele fuhr fort: „Eine Grundvoraussetzung wird sein, dass jeder bereit ist, an sich selbst zu arbeiten. Am Anfang wird es noch Auseinandersetzungen geben, wenn aber alle Beteiligten bereit sind, dahinterzuschauen, ihren Anteil erkennen und auflösen, wird das Zusammensein immer authentischer und tiefer werden.

Denn ein Punkt in diesem Zusammensein ist, dass dein Bewusstsein gespiegelt und reflektiert wird. Es ist gut für dich, wenn du in einer Gemeinschaft mit hohem Bewusstsein bist, denn dadurch wird auch dein eigenes Bewusstsein angehoben. Wenn sich dann bei dir ungelöste Themen zeigen, kannst du darüber in Austausch gehen mit jemandem, der vom Bewusstsein auf deinem Level oder höher ist. Derjenige wird dir das Thema aufzeigen und dich da rausbegleiten. Wenn du zu jemandem gehst, der vom Bewusstsein noch nicht weit entwickelt ist, bleibst du oft in den Kreisläufen des Themas gefangen und ziehst sogar andere mit rein. Wenn es noch keine Gemeinschaft mit deinem Bewusstsein in deinem Umfeld gibt, dann fang an, eine zu erschaffen. Denn mit deinem Bewusstsein wirst du genau die anziehen, die dazugehören, und so werdet ihr nach und nach das Bewusstsein auf der Erde wieder anheben.

Es ist eine große Herausforderung, im Leben lebendig zu sein und gleichzeitig aus der geistigen Welt schöpferisch zu sein. Doch wenn ihr erkennt, dass ihr den Weg nicht alleine, sondern gemeinsam geht, ist dieser ursprüngliche Zustand auf Erden bald wieder lebbar. Es geht immer darum, dich als ein Teil des Ganzen zu erfahren, und genau dazu hast du die Möglichkeit auf der Erde."

Elayna fühlte ihre Freude, all das in Gemeinschaft zu erfahren. Sie konnte es kaum erwarten, den Seelen, die ihr bereits so vertraut waren, auf der Erde in menschlichen Körpern wieder zu begegnen. In ihrem unterschiedlichen Aussehen, ihren menschlichen Eigenarten und ihrem einzigartigen Weg, den sie wählten, um sich zu veredeln. Sie spürte um sich herum die Anwesenheit einiger Seelen, die auch in der Vorbereitung ihrer nächsten Inkarnation waren. Auch spürte sie jetzt sehr deutlich, mit welchen Seelen sie sich auf der Erde verabredet hatte, und welchen Seelen sie nicht begegnen würde.

Nachdem sie alles intensiv wahrgenommen hatte, kehrte sie mit ihrer Aufmerksamkeit wieder zu der weisen Seele zurück. Diese schaute sie beglückt an, sie freute sich sehr, an Elaynas Eindrücken teilhaben zu dürfen.

„Ich würde dir gerne noch einen Satz mitgeben, für deine Ausrichtung und Wiederverbindung, besonders in Gemeinschaften: Sei zustandserhaben, themensouverän und visionslebendig."

Elayna versuchte den Satz zu verstehen. „Was ist der Unterschied zwischen Themen und Zuständen?", fragte sie nach.

„Zustände können auf dich zukommen. Themen sind die Dinge, die in dir sind. Zustände sind einfach da. Wie erhaben bist du über sie? Menschen sind oft voll mit Themen. Wie gehen sie damit um? Und du musst immer eine Vision haben, die größer ist als du. Dann ist es deine Aufgabe, genau das lebendig vorzuleben." Die weise Seele stoppte. „Du musst die tiefe Bedeutung der drei Worte noch nicht verstehen. Nimm sie in deinem Herzen mit, irgendwann wirst du wieder an sie erinnert werden."

Verbundenheit mit Tieren

„Wie ist das mit den Tieren? Werden sie auch Teil dieser neuen Lebensform sein?“, wollte Elayna nun wissen.

„Es geht ja gar nicht anders. Schau mal, was auf dem Planeten Erde passiert, ist, dass ein Großteil der Menschen die Tiere nicht mehr fühlen kann. Darum können sie zulassen, dass mit ihnen umgegangen wird, wie es momentan der Fall ist. Dies kann geschehen, weil aus der höheren Liebe auch an dieser Stelle den Menschen die Chance gegeben wird, die Einheit wieder zu erkennen und die Verantwortung für ihr Handeln zu übernehmen. Was wesentlich zu erkennen sein wird, ist, dass Tiere genauso geistige Wesen sind wie die Menschen, nur in einer anderen körperlichen Form. Du bist als Mensch kein Elefant, du bist aber auch nicht besser als ein Elefant. Wenn du das erkennst und wieder anfängst, die Tiere nicht nur zu sehen, sondern auch zu fühlen, wirst du aufhören, sie zu töten, zu essen und für deine Zwecke zu missbrauchen. Ihr seid so konditioniert und wachst so auf, dass es für euch normal geworden ist, was bezogen auf die Tierwelt passiert. Die Menschen stellen sich auf eine Ebene über alle anderen Lebewesen und bestimmen, was mit ihnen geschieht. Dabei haben sie vergessen, so zu handeln, dass es zum höchsten Wohle aller ist. Auch das wird sich ändern, es wird viel Vergebungsarbeit gegenüber den Tieren geschehen.

Aber, um zu deiner Frage zurückzukommen, die Menschen werden wieder im Einklang mit der Natur, allen Pflanzen und Tieren sein. Die Tiere werden völlig frei mit euch leben und aus sich heraus das geben, was ihrer Natürlichkeit entspricht. Ihr werdet wieder eine ganz andere Verbindung zu ihnen aufbauen, sie würdigen und wertschätzen und dankbar sein, für ihr Sein mit euch.

Ihr könnt all das, was auf der Welt geschehen ist, nicht ungeschehen machen, aber ihr habt die freie Wahl, es ab jetzt anders zu machen."

Elayna war sehr berührt von den Worten der weisen Seele, doch gleichzeitig fragte sie sich, wie es so weit kommen konnte, dass die Menschen die Tiere in der Art behandeln. Sie schaute die weise Seele an und erkundigte sich bei ihr nach der Kommunikation zwischen Menschen und Tieren.

„Ja, Elayna, das ist einer der Punkte, warum die Menschen die Verbindung nicht mehr spüren. Einst war die Kommunikation zwischen Menschen und Tieren vollständig da. Nicht mit Worten, wie Menschen miteinander sprechen, aber über alle anderen medialen Kanäle. Es war ganz selbstverständlich, in Kommunikation mit allen Tieren zu sein, und in einem harmonischen Miteinander zu leben. Die Menschen wären in ihrer Entwicklung heute nicht da, wo sie sind, wenn nicht über all die Jahrtausende Tiere an ihrer Seite gewesen wären. Doch je mehr die Menschen die Trennung wählten, desto mehr trennten sie sich auch aus dieser natürlichen Kommunikation zur Tier- und Pflanzenwelt. Tiere wurden immer mehr benutzt und gegen ihren Willen zu Dingen gezwungen. Plötzlich gehörten Tiere den Menschen, also nahm sich jeder Mensch auch das Recht, das Tier so zu behandeln, wie er wollte. Zusammengefasst kann man also sagen, dass die Menschen aufgrund ihrer eigenen Entwicklung aufgehört haben, den Tieren zuzuhören. Sie haben sogar vergessen, dass auch Tiere denken und höchst sensitiv empfinden. Erlaubt den Tieren wieder, gleich zu sein. Gleichwertig und gleichwürdig."

Elayna nickte. „Was ist ein Weg, um wieder in diese Verbindung zu kommen? Kann das jeder Mensch auf der Erde?"

„Natürlich. Es gibt Menschen, die das als Aufgabe mitbringen und dadurch eine natürliche Gabe dafür haben. Aber auch eine besondere Verantwortung. Doch jeder Mensch kann sich wieder für Kommunikation mit anderen Wesen öffnen, sich darauf einlassen und erinnern, dass es ein Teil von ihm ist, ein Teil seiner Kommunikationsmöglichkeiten. Ihr könnt wieder lernen, den Tieren zuzuhören, anstatt von ihnen zu erwarten, dass sie eure Sprache und Befehle lernen. Es geht nicht um die Erziehung eines Tieres, sondern um die Beziehung zu ihm.

Für die Kommunikation verbinde dich mit dem Wesen des Tieres und öffne dein Herz für das, was es dir mitteilen möchte. Spüre, dass du nicht Mensch bist, sondern ein geistiges Wesen, und so auch das Tier ein geistiges Wesen ist, was für die Dauer einer Inkarnation die Form eines Tieres angenommen hat. Lasse deine Gedanken und Gefühle los und spüre in dich hinein, über welchen Kanal das Tier sich dir mitteilen möchte. Du kannst Bilder bekommen, Sätze, Geräusche oder Gerüche. Es gibt unendlich viele Arten der Kommunikation mit Tieren, wichtig ist, dass du dich dafür öffnest. Und dann übe das immer wieder. Wir alle haben über viele Inkarnationen unsere medialen Kanäle nicht benutzt, darum braucht es deine Vertiefung und Ineinandersetzung, erst mit dir selbst, dann mit anderen Wesen."

„Versteht ein Tier mich immer?"

„Ein Tier versteht dich, wenn du da bist“, erwiderte die weise Seele. „Doch wenn du redest, redet meist dein Kopf. Aber wenn du da bist, verstehen und fühlen dich die Tiere. Aufmerksames, vollbewusstes Dasein. Wenn du da bist, bist du lebendig. Und wenn du im Lebendigsein bist, kannst du in Liebe sein. Immer in Liebe sein, egal, wem du begegnest. In Liebe sein ist das größte Dasein.“

„Wow. Können wir doch noch einmal darauf eingehen, dass Menschen Tieren essen? Ich kann mir das kaum vorstellen, und doch weiß ich, dass auch ich in all den Inkarnationen viele Tiere gegessen habe.“

Die weise Seele nickte. „Nicht nur du Elayna. Was aber sehr stark geworden ist auf der Erde, ist das Produzieren von Tieren und die ganze Industrie dahinter. Bei vielen zurzeit auf der Erde lebenden Menschen ist kaum noch die Bewusstheit darüber da, welche Auswirkungen ihr Fleischkonsum hat.

Versuche dir mal vorzustellen, wie du dich fühlen würdest, wenn du siehst, wie deine Freunde sterben und du die Nächste sein wirst. Da wird Angst sein, Schmerz, vielleicht auch Leid. Erinnerst du dich, wir haben bereits über das Thema gesprochen, dass Energie nie verloren geht. Bei wem landet jetzt die Energie des Tieres, die es in seinem Leben und besonders bei der Schlachtung empfindet?“

„Bei demjenigen, der das Fleisch des Tieres essen wird“, antwortete Elayna sofort.

„Genau. Also dürfen sich die Menschen nicht nur anschauen, wie sie Tiere behandeln und was sie ihnen zufügen, sondern auch, was ihr Verhalten für Auswirkungen auf sie selbst hat.“

„Wie können wir denn das wieder ausgleichen? Können wir das überhaupt wieder gutmachen?“

„Natürlich. Ihr könnt im Frieden mit den Tieren zusammenleben und sie so leben lassen, wie sie es wollen. Lasst sie von Geburt an frei und gebt ihnen genug Raum und Platz. Schafft wieder Lebensraum für Pflanzen, Tiere und Menschen. Und lasst Lebensraum für Mutter Erde. Seid mit den Tieren in Kommunikation, nehmt ihr Wesen war und was auch ihr Auftrag ist auf der Erde. Erschafft mit ihnen gemeinsam die Welt wieder so, dass es eine wahre Freude ist, in ihr zu leben.“

Elayna dachte lange über die Worte der weisen Seele nach. Sie empfand eine tiefe Liebe dafür, dass die Tiere sich auch für diesen Erfahrungsweg des Menschen zur Verfügung stellen.

„Diese Liebe ist gut, denn mit ihr hast du die Kraft, etwas zu verändern. Du wirst in deiner nächsten Inkarnation vielen Tieren begegnen, die dich für einen Teil deines Lebens begleiten. Du wirst nicht nach einem Tier suchen müssen, sondern sie werden genau zur richtigen Zeit in dein Leben kommen. Und du wirst viel von ihnen lernen, weil sie dich oft klarer spiegeln, als Menschen das können. Betrachte also jedes Tier in deinem Leben als ein Geschenk des Himmels, was einen Abschnitt deines Weges mit dir geht.“

Elayna verband sich innerlich mit all den Tierseelen, mit denen sie sich für ihre nächste Inkarnation verabredet hatte. Sie schickte ihnen ihre Liebe und Dankbarkeit und freute sich auf den Moment, an dem sie ihnen wiederbegegnen würde auf der Erde.

Glück & Glückseligkeit

„Egal, wo du bist, sei glücklich."

Elayna fragte verwundert: „Aber wieso sollte ich denn nicht glücklich sein?"

Die weise Seele fing ganz vorne an: „Schon immer sind Glück, Glücklichsein und Glückseligkeit das Thema der Menschen. Von Anbeginn bis heute. Dennoch leben viele Menschen auf der Erde, die nicht glücklich sind. Die davon ausgehen, dass ein anderer für ihr Glück verantwortlich ist. Die darauf warten, dass endlich jemand kommt und ihnen ihr Glück bringt. Menschen verbinden oft ihr Glück mit Personen oder materiellen Dingen. Viele Menschen sind nicht glücklich aus sich selbst heraus, sondern über etwas, was sie vermeintlich ins Glück führt. Doch die Frage sollte nicht sein: Was kann mich als nächstes glücklich machen? Die Frage lautet immer: Was mache ich beglückend aus mir heraus?"

„Die Frage kann ich mir aber erst stellen, wenn ich in mir geklärt bin", merkte Elayna an.

Die weise Seele nickte. „Vom ersten bis zum letzten Atemzug musst du dich klären. Nicht mehr die Dinge auf andere verschieben, das haben wir alle lange gemacht. Wenn du wieder klar und rein bist, wirst du erkennen: Du bist vollkommenes Glück. Sehe dich als Glücksgeburt."

Elayna lachte. „Das Wort habe ich auf der Erde noch nie gehört. Aber eigentlich hast du recht. Ich kann jeden Tag glücklich und dankbar sein, dass es mich gibt."

„Ja. Und dankbar auch allem anderen gegenüber, einschließlich der Erde. Mutter Erde stellt alles zur Verfügung, damit jeder Mensch glücklich sein kann. Es ist alles da, Elayna. Es ist nur nicht alles so verteilt, dass es gut für alle ist. Aber wenn ihr das erkennt und ändert, werdet ihr noch etwas ganz anderes erkennen: Es gibt keine Existenz, keine Schöpfung und kein Leben ohne grundlegendes Glück. Jedes Wesen ist damit ausgestattet."

Elayna war berührt von diesen Worten. Sie sah die weise Seele an und bat sie fortzufahren.

„Wenn du dich erkennst, kannst du Glück erschaffen. Doch dazu muss dir wieder bewusst werden, wer du wirklich bist. Dann kannst du selbst die Voraussetzung setzen, dass du in Glück leben kannst. Es ist deine freie Wahl. Entscheide dich in jeder Sekunde für Glück. Alles andere bist du nicht."

Elayna nickte. „Was genau ist denn eigentlich Glück?"

„Es gibt viele Definitionen für Glück, und du wirst auch viele auf der Erde kennenlernen. Doch lass mich dir einige geistige Worte zu Glück sagen. Diese Worte wirst du auf der Erde von jemandem hören, und es wird in dir eine Erinnerung auslösen an das, was du hier schon über Glück erfahren hast. Glück ist eine Kraftquelle sofortiger, ursprünglicher und gegenwärtiger Wirkung. Glück ist die heilsamste Art, Frieden zu verschenken. Immer wenn Glück geschieht, ist Schöpfung. Immer wenn Schöpfung geschieht, ist Glück."

Nach einer Weile fuhr die weise Seele fort. „All das hat nichts mit Emotionen zu tun. Bevor ich Glück erfahren kann, muss ich erst meine Emotionen aufgelöst haben. Wenn ich mich emotional verhalte, bin ich nicht im Glück. Und dann ist es auch egal, wenn du vermeintlich recht hast. Verändere das, was in dir ist, und es wird sich das verändern, was um dich herum ist. Oder anders gesagt: Bewege dich in der Veränderung glücklich und verändere beglückend."

Elayna brauchte einen Moment, bis sie die tiefere Bedeutung der Sätze vollständig verinnerlicht hatte. Dann fragte sie: „Ist Glück eine Entscheidung?"

„Ja. In deinem Verstand ist Glück eine Entscheidung. In deinem Herzen ist es ein Einlassen, Vertrauen und Zulassen."

„Wird jeden Tag Glück geschehen in meinem Leben?", fragte Elayna neugierig nach.

„Warum sollte es einen Tag ohne Glück geben? Du erkennst es vielleicht nicht immer direkt, denn es kann sich sehr vielfältig zeigen. Doch jeder Tag hält mindestens ein Glück für dich bereit. Du wirst achtsamer werden im Umgang mit deinem Glück, wenn du dir bewusst Zeit nimmst zu deiner Besinnung und wahrnimmst, was an dem Tag dein Tagesglück war. Du kannst es auch aufschreiben oder teilen, um so andere an deinem Glück teilhaben zu lassen und das Glück zu vermehren."

Die weise Seele sah, dass Elayna aufmerksam dabei war, und fuhr fort: „Die Voraussetzung, Glück weiterzugeben, ist das Verweilen im Glück. Aus dem Glück ist Glückshandlung der wichtigste Schritt. Wann immer du handelst, handelst du zuerst für dich, aber in erster Linie für deinen Nächsten und die gesamte Schöpfung. Verschenke immer eine Dosis Glück, egal wo du bist."

„Und wenn es nicht reicht, dem Menschen eine Dosis Glück zu schenken? Was, wenn die Dosis nicht stark genug ist?"

„Dann schenke ihm eine Überdosis. Du wirst nicht weniger glücklich, wenn du andere an deinem Glück teilhaben lässt. Aus deinem Glücklichsein heraus kannst du immer eine Überdosis Glück verteilen an deinen Nächsten."

Elayna schmunzelte. Dann kam ihr die nächste Frage zu Glück: „Was ist die höchste Ebene des Glücks?"

„Die höchste Ebene des Glücks, dass wir auf Erden leben können, ist das Glücklichsein. Glücklichsein ist die grundlegende Natur deines Selbst. Du wirst mit dem Glücklichsein geboren. Glücklichsein ist die Grundlage aller Transzendenz. Es ist ein dahinter Schauen und dahinter Fühlen, was gerade geschieht. Umso mehr du dich vom Glücklichsein entfernst, umso mehr kommen Themen, Prozesse und Zustände. Also erinnere dich daran, was du mitbringst, wenn du auf die Erde kommst. Denn zum Glücklichsein gehört, dass du zum Glücklichsein anderer beiträgst."

„Ist das dann der geistigste Zustand meines Selbst?"

„Nein. Es ist das höchste, was wir auf der Erde leben können, aber über dem Glücklichsein ist noch eine Ebene: Die Glückseligkeit. Glückseligkeit kannst du nicht erschaffen, aber sie kann sich dir offenbaren. Der Schöpfer ist Glückseligkeit. Glückseligkeit hat keine Fragen, aber durchläuft alle Fragen und ist die Antwort auf Glück. Erinnerst du dich an das Ursprung-Volk? Sie alle lebten in immerwährender Glückseligkeit. Sie sind Glückseligkeit auf ErdEden."

Elayna ließ sich berühren von der Erinnerung an diese Zeit. Die weise Seele schaute sie eindringlich an und sprach Worte, die tief in Elaynas Herz gingen.

„Wenn du nicht der Glücksverursacher, der Glücksbewirker und der Glücksauslöser bist, wer dann? Wir gehen in diese Welt, um Glück zu bewirken für alle Geschöpfe. Wenn es also in deinem Sinne ist, dass die Menschheit weiterkommt, ist es wichtig, dass du erglückst. Sei deinen Mitmenschen ein Glücksbringer, zu jeder Zeit und an jedem Ort."

Jetzt war der Zeitpunkt gekommen, an dem es für Elayna hieß, sich auf ihr neues Leben einzustellen. Sie spürte in sich noch einmal die tiefe Dankbarkeit, so umfassend vorbereitet worden zu sein. Sie freute sich besonders auf diese Inkarnation, da sie entschieden hatte, ihre Themen zu klären, ihr altes Karma endgültig aufzulösen und ihre Erfahrung als Mensch zu vollenden. Damit war auch die Entscheidung in ihr, dass sie sich an das ganze Wissen, das in jedem Wesen ist und das durch den Dialog mit der weisen Seele noch einmal in ihr fest verankert worden war, wieder erinnern würde.

In tiefer Liebe und Dankbarkeit blickte sie die weise Seele noch einmal an und verneigte sich vor ihr. „Es ist kein Abschied, meine geliebte Elayna. Die Zeit, die du auf der Erde bist, bist du trotzdem auch hier. Was auf der Erde 100 Jahre sind, kann hier ein Atemzug sein. Sei im Vertrauen, ich bin immer bei dir. Ich habe viele Möglichkeiten, dich in deinem Menschsein zu erreichen und dir Botschaften zu übermitteln und sei gewiss, dass du, egal wie dein menschlicher Weg auch aussehen wird, ein Teil des großen Ganzen bist. Jede einzelne Seele, unabhängig davon, wo sie ist und was sie macht, ist ein Segen für den Planeten, an dem Ort, an dem sie sich gerade befindet.“ Die weise Seele hielt inne. „Bist du bereit, Elayna?“

Alles in Elayna sagte JA. Sie verband sich noch einmal ganz bewusst mit dem Himmel, mit der Erde und mit ihrem Auftrag. Dann zwinkerte sie der weisen Seele zu und sagte: „Ich bin bereit für meine Wunderreise Mensch. Einmal Erde und zurück.“

Nachwort

Das Buch ist innerhalb eines Jahres entstanden aus einer Mischung von philosophischen Aspekten der Lichtbewusstseinsphilosophie und meinem eigenen Weg. Viele Themen und Sätze kamen mir in Meditationen, im Austausch mit Menschen aus unserer Gemeinschaft, beim Ausreiten oder beim Spazierengehen mit meinen Hunden. Und nach den Philosophie-Ausbildungswochenenden, die mich jedes Mal wieder inspiriert und impulsiert haben, zu schreiben.

Die weise Seele und Elayna haben mich das Jahr über sehr begleitet und haben mir geholfen, die Dinge in mir zu sortieren und zu verstehen. Immer wieder fließen meine eigenen Erfahrungen und Erkenntnisse ein, die mir zum Beispiel in Lichtaufstellungen bewusst geworden sind oder fühlbar wurden im Energy Dancing. Viele Fragen, die Elayna stellt, sind Fragen, die mich beschäftigt haben die letzten Jahre.

Und so wie auch Elayna habe ich das Gefühl, den Zugang zu diesen Themen mitgebracht zu haben, und ich bin sehr dankbar, von wundervollen Seelen umgeben zu sein, die mich immer wieder erinnern.

Mein Sehnen ist, dass wir alle uns wieder erinnern, warum wir hier sind und unsere ursprüngliche Verbindung miteinander fühlen, sodass jedes Wesen frei seine selbstgewählte Aufgabe auf der Erde vollbringen kann.

Ich freue mich, wenn ich mit meinem Buch dazu beitragen kann, dass DU dich mit dir, mit deinem Wesen wieder tiefer verbinden kannst und deinen Sinn erkennst, warum DU hier bist.

Von Herzen wünsche ich dir alle Liebe auf deiner Reise.

Deine Leonie

Danksagung

Danke an Mama und Papa. Danke, dass ihr mich begleitet und mir den Raum schenkt, meinen eigenen Weg zu gehen und das zu leben, was schon lange in mir ist.

Danke an meine Lichtfamilie. Es ist für mich ein großes Geschenk, von euch so liebevoll begleitet und unterstützt zu werden. Danke, dass ihr immer da seid.

Danke an Felina, Annika, Lynn, Marie, Juliane, Tara, Matilda und Fenja. Ich bin jeden Tag dankbar, dass ihr da seid und wir uns über all diese Themen austauschen können.

Danke an Angelika für dein intensives Lektorieren und an Susanne und Anna für das philosophische Redigieren. Ihr alle habt mit eurer Energie und eurem wundervollen Feedback das Buch nochmal erweitert und vertieft.

Danke an Britta für deine Liebe, mit der du mit mir das Cover erstellt hast. Es war wundervoll zu sehen, wie aus unserem Austausch und unserer tiefen Verbindung ein Cover entstanden ist, was so gut zu Elaynas Reise passt.

Danke an den Lichtbewusstsein Verlag für eure Unterstützung und Begleitung, von der Entstehung bis zur Vollendung des Buches.

Herzensdank an David, der Quelle des Lichtbewusstseins. Danke, dass du jeden von uns in sein Potenzial begleitest und uns impulsierst und inspirierst, in unseren Ausdruck zu kommen. Danke, dass du uns erinnerst, verbindest und über die Kommunikation anhebst in die wahre Begegnung.

Über mich

Leonie Horst
geboren 1999
in Flaunden, England

Autorin, Lichtessenztherapeutin,
Meditationslehrerin,
Energy Dancing Practitioner

„Als ich jünger war, hatte ich unglaublich viele Fragen. Über das Leben an sich, den Sinn warum wir auf der Erde sind, über den Ursprung, die Schöpfung und so vieles mehr.

Bis ich 15 Jahre alt war, kannte ich keinen, der mir all meine Fragen beantworten konnte. Das hat sich geändert, als ich David Wared und der Lichtbewusstseinsphilosophie begegnet bin. Durch die Philosophie werden all meine Fragen vollständig beantwortet, und ich kann in mir fühlen, dass es wahr ist. In den verschiedenen Ausbildungen an der Lichtbewusstseinakademie habe ich viele andere Menschen kennengelernt, die auf dem gleichen Bewusstseinsweg unterwegs sind wie ich und die seitdem ein wesentlicher Teil meines Lebens sind.

Durch die Lichtbewusstseinsphilosophie als Grundlage begann für mich eine Reise, wo ich so viel lerne und wo ich das Gefühl habe, endlich angekommen zu sein auf dieser Reise, die noch lange nicht endet.

Und je mehr ich in mir Antworten habe, desto mehr fühle ich den Wunsch in mir, das mit anderen, besonders jungen Menschen, zu teilen."

Abhängigkeit	Mangelzustand, Schattenaspekt der Verbundenheit
Aufstieg	Verlassen des Körpers, Sterben
Aura	Feinstoffliches Energiefeld, die Gesamtheit der geistig-seelischen Ausstrahlung eines Menschen
Bewusstseins-level	Es gibt nach der Lichtbewusstseinsphilosophie 9 Bewusstseinslevel, die die Bewusstseinsentwicklung des Menschen beschreiben
Blockade	Alles, was den Lebensfluss behindert. Kann körperlich, seelisch oder geistig sein
Denkfühlen	Das klare Denken und das tiefe Fühlen werden zusammengebracht, aus der Verbindung beider Aspekte entsteht das Denkfühlen
Dualität	Zweiheit, Bewusstseinsstand auf der Erde, endlich, relativ
Ego	Dualer Anteil des Menschen, Schattenaspekt, lenkt vom Wesentlichen ab
Emotion	Gedachte Gefühle, vom Verstand interpretiert
Endlich	Vergänglich, hat Anfang und Ende

ErdEden	Bezeichnet das vollendete Zusammenleben auf unserem Planeten. Urzustand und die Ausrichtung aller gemeinschaftlichen Entwicklung
Erweiterte Humanität	Bedeutet, dass jedes Lebewesen gleichwertig und gleichwürdig ungehindert und ohne Angst seinen Lebensauftrag vollbringen kann
Fülle	Ursprünglicher und natürlicher Zustand des Seins
Geist-Seele-Einheit	Bilden eine untrennbare Einheit, entstanden aus UR-Seele und UR-Geist. Wesen jedes Menschen. Alle Geist-Seele-Einheiten kommen aus einer Quelle und sind immer in Verbindung miteinander
Geistige Trägheit	Kreislauf der Gewohnheit des menschlichen Daseins, Hindernis in der Entwicklung, der Mensch ist ausgestiegen aus seiner schöpferischen Kraft
Handlungs-handlung	Vollendete Handlung, aus der Verbindung von Denken und Fühlen und dem Abgleich mit der Quelle
Heilsein	Ursprünglicher Zustand aller Lebewesen, Vollendung des Heilweges
Homöostase	Balance auf der körperlichen Ebene
Identifikation	Prozess des Annehmens einer Identität

Identität	Beschreibt eine Rolle, die der Mensch vorrübergehend annimmt. Entwickelt er auf Grundlage seiner Anschauungen und Erfahrungen
Illusion	Falsche Wahrnehmung der Wirklichkeit, Projektion
Ineinander-setzung	Prozess der Vertiefung und Erweiterung mit dem Ziel der Einheit
Inkarnation	Verkörperung oder Formannahme einer Geist-Seele-Einheit. Zeitpunkt vom Niederstieg (Geburt) bis zum Aufstieg (Tod)
Macht	Größtmögliche künstlich angesammelte Kraft, interessengebunden, kommt aus dem Verstand, am Einzelwohl orientiert
Manifestieren	Etwas aus dem Geist in die Feinstofflichkeit bringen
Materialisieren	Etwas aus der Feinstofflichkeit in die Materie bringen
Medialität	Angeborene Fähigkeit, Botschaften aus höheren Ebenen bewusst wahrzunehmen. Wird vertieft über die Verfeinerung menschlicher Sinne
Quelle	Ursprung aller Existenz, Schöpfung und Lebewesen
Schattenanteile	Ungeklärtes, Unbewusstes und Ungeheiltes
Schöpferkraft	Jedem Lebewesen innewohnendes, unbegrenztes Potenzial
Seinsbuch	Speicher aller Informationen im Sein, Gedächtnis des Universums

Selbstmeisterschaft	Vollendung des menschlichen Bewusstseinsweges, Erreichen des 9. Bewusstseinslevels nach der Lichtbewusstseinsphilosphie
Transformation	Veränderung einer Form, Umformung, Umwandlung
Trinität	Dreieinheit, Prinzip bildet sich aus drei Aspekten, die gemeinsam ein Ganzes ergeben
Über-/ unterbewusste Ebene	Geistige und seelische Ebene
Universalethos	Ethos, der für alle gültig ist, über die Grenzen des Menschlichen hinaus. Beinhaltet ewig gültige Werte, die für alle Existenz gültig sind. Zeit- und raumlos
Unvollendete Ideen	Nicht aus dem höchsten Geist entstanden, nicht zum Wohle aller
Vollendete Ideen	Offenlegung eines geistigen Inhalts aus der höchsten Quelle, ewig, wirklich, Zeit- und Raumungebunden
Vorstellungen	Konstruierte Gedanken, entsprechen nicht in der Wirklichkeit
Zum höchsten Wohle aller	Gedanken, Gefühle und Handlungen sind anhebend, erweiternd und vertiefend für alle Existenz

Quellenangaben:

Lehrbuch der Lichtessenztherapie, Band 1-3
Skript der Philosophie-Ausbildung Nr. 1
Seminare David Wared, persönliche Mitschrift